楚河说历史

秦汉

楚河 / 著　子鵺坊插画 / 绘

中信出版集团 | 北京

图书在版编目（CIP）数据

楚河说历史．秦汉／楚河著；子鹌坊插画绘．--
北京：中信出版社，2020.9（2020.12 重印）
ISBN 978-7-5217-1708-2

Ⅰ．①楚… Ⅱ．①楚… ②子… Ⅲ．①中国历史－秦汉时代－青少年读物 Ⅳ．① K209

中国版本图书馆 CIP 数据核字（2020）第 078326 号

楚河说历史·秦汉

著　　者：楚河
绘　　者：子鹌坊插画
出版发行：中信出版集团股份有限公司
（北京市朝阳区惠新东街甲4号富盛大厦2座　邮编　100029）
承 印 者：天津联城印刷有限公司

开　　本：889mm×1194mm　1/32　　印　　张：6　　字　　数：100千字
版　　次：2020年9月第1版　　印　　次：2020年12月第2次印刷
书　　号：ISBN 978-7-5217-1708-2
定　　价：35.00元

服务热线：400-600-8099
网上订购：zxcbs.tmall.com
投稿邮箱：author@citicpub.com

序

找到属于自己的“宝藏”

你会跳过序言看正文吗？我不会，作为一个爱看书也爱藏书的人，我看书有一个习惯，那就是力争把书中出现的所有文字都看完，包括作者简介、封面设计、插画师、责任编辑，甚至是图书规格等等。每多看一个字，我便感觉对书了解得更多了一些，看到的字越多，了解的东西越多，所以通常我必看序言。

可当我开始动笔的时候，我又犯了难。序言是什么？我想，序言大概就像新朋友之间的自我介绍一样，向别人介绍自己眼中的自己，而给一本书写的“自我介绍”，不就相当于“我以为我写了什么”吗？即使是从我的角度出发介绍这本书，我相信也是不全面的。每个人都有自己的想法，所以我希望，每一个有缘捧起这本书的人，能够像寻宝一样，找到属于自己的“宝藏”。

我能告诉大家的是，这是一本跟历史有关的书。

历史是由人创造的，从古至今发生的所有故事，都是人和人的故事。人很奇妙，有时可以很善变，有时又一成不变。虽然人类利用科技让生活变得更好，可人与人相处的方式却变化不大，我们也许换上了不同的服饰，但我们的行为模式确实和古人的行为模式没有本质的区别。

历史是由人书写的，所以我更愿意以历史人物的视角，去看看他们生活的世界：何为智慧？何为坚守？何为追求？何为气节？何为义气？何为忠诚？何为孝道？何为取舍？在古人的眼中，什么才是最重要的？这也许可以让我们更加真切地认识自我，并且重新审视一下自己身边那些值得珍惜的人和物。

构思每一个人物的时候，我都努力把自己想象成那个人。在创作的过程中，我努力寻找人物情感与历史事件的联系，以求让历史事件更加鲜活。

“楚河说历史”的内容基本取材于正史，但也有些许野史掺杂其中。书中的每一个故事，我都力求找到史籍当中的记载，这种想法一直贯穿我创作的始终，但对我而言，这样做有得也有失，其中很多有趣的典故也因为找不到史料而被迫放弃。

我希望你把这套书当作一把钥匙。历史不应该是单向传输，也不应该是单纯背诵，我们完全可以通过自己的思考，看到很多不同的风景。就像我在每篇文章中设计的“脑洞剧场”，这里面的内容大多没有真实发生过，是我通过对人物性格的理解做的夸张描写，不仅仅是为了让故事更有趣，也是为了增加历史跟大家互动的可能性。你想过自己把“脑洞剧场”里的内容表演出来吗？你甚至可以跟朋友或家人搭档，把你印象中的这位历史人物，用自己的理解和方式呈现出来，我相信，这一定能释放你身体里的很多能量。解放对天性的束缚，大胆地表现自己。

如果这套书能给大家带来些许类似的感觉，这一定不是我的功劳，而是因为我站在了巨人们的肩膀上，很多历史学者和前辈给过我指点和启发，我只不过是站在他们的肩膀上踮起了脚尖而已。

2020 年 8 月

目录

刘邦，我要当齐王!!!
好，好，好，有话好好说。
韩
刘
项
嘎嘎嘎
……

楚河说历史 秦汉

1 李斯

因太想成功而失败的人

人们都希望自己能成为优秀的人，其实在每个人的心中，都有关于优秀的标准，比如什么样的孩子是好孩子，什么样的人是成功人士……我们要做的，就是通过努力去接近自己心中的标准。可在努力的过程中，我们一定要懂得黑白分明，有些事情可以做，有些事情绝对不能做。

出生在战国末年的李斯，是一个非常努力的人，而且他的成绩也很不错，因为他是建立中国历史上第一个大一统的王朝——秦朝的功臣之一。为了得到这个成绩，李斯付出了很多……他一直努力着。

话说，在李斯出生的时候，老天爷似乎并没有为他准备什么“礼物”。祖辈给自己留下的东西，除去一个还算灵光的脑袋，剩下的，都需要他摸着脑袋，从头做起。

李斯年轻的时候，在楚国的一个郡里做小吏，这里发生过一件很平常的事，但对李斯的内心造成了巨大的冲击。

有一天，李斯在办公场地附近的厕所里看到一只老鼠，它虽然吃着很脏的东西，却还要提防着经过的人和狗，即便如此，它依然经常受到惊吓。后来他来到粮仓，看到了另一只老鼠，它吃着粮仓中的粮食，“住”在大屋子里，也不用担心时常会有人和狗来惊扰。

目睹这一切之后，李斯仿佛想明白了，一个人和老鼠一样，有没有成就是由自己生存的环境决定的。想要有所成就，就先要有一个合适的环境！

紧接着，他开始跟荀子学习治理天下的学问。学业完成之后，李斯预判，除了秦国，剩下六国的国力都在走下坡路，真正适合自己建功立业的环境就只有秦国。

想好以后，他便决定向自己的老师荀子辞行。我们不知道李斯的前半生到底经历了什么，但在李斯和老师辞行的时候，他说了这样一番话：“处卑贱之位而计不为者，此禽鹿视肉，人面而能彊行者耳。故诟莫大於卑贱，而悲莫甚於穷困。久处卑贱之位，困苦之地，非世而恶利，自托於无为，此非士之情也。故斯将西说秦王矣。”

意思是说，一个人如果身处于卑贱的地位，还不想着努力进取，求取功名和富贵，就像是一只野兽，只懂得吃摆到面前的食物。表面虽然长着人的模样，但顶多也就是苟且偷生。所以，没有什么比处境卑贱更让人感到可耻，也没有什么比贫穷更让人觉得悲哀。一个人长期地活在卑贱困窘的境地，却还要贬低世俗，唾弃名利，把自己标榜成一个淡泊名利的人，这并不是一个人真实的想法。所以我要西行去游说秦王。

难道只有功名利禄才能衡量一个人的价值吗？

不知道荀子有何感想，只是他听完李斯的话，并没有反驳，什么都没说，史书也没记载，也许当时的荀子感到很无奈吧。

就这样，李斯千里迢迢来到了秦国。他激动万分，总算可以面见秦王了，可非常不凑巧，秦庄襄王在这时候驾崩了。

他赶紧又去求见当时秦国的丞相吕不韦，请求当吕丞相的门客。吕不韦很赏识他，就把他推荐给新任的秦王——嬴政，秦王任命他做了郎官，这样，李斯有了和秦王近距离交谈的机会。

脑洞剧场

李斯："大王，统一六国的时候到了！"

嬴政哈哈大笑，说："你别开玩笑！"

李斯："微臣没开玩笑，这是臣写的计划书，请大王过目。"

嬴政："我的天啊，这么厚的计划书啊！"

上面这段是我编的，后面是真的。总之，经过李斯的一番劝说，秦王嬴政总算下定决心，开始执行统一的计划。他听从了李斯的计策，暗中派遣谋士带着金银珠宝去各国游说各国国内比较有影响力的人，能收买的收买，不能收买的，就直接派杀手刺杀，以此来离间各诸侯国君臣的关系。

不得不说，李斯对秦王嬴政的帮助是巨大的，由此，李斯也逐渐得到了秦王嬴政的重用，而他之前一直奢望的东西也离他越来越近了。

这就是李斯，哪怕做老鼠，他也要做一只谷仓里的老鼠。

不过，李斯的身上似乎有很多现代人的影子……他的目的性很强，他知道自己要什么。学以致用，去追求更好的生活，这也无可厚非。只不过有的时候，上天总会考验我们，让我们抉择，在追求成功的过程中，到底什么才是最重要的。

李斯来到秦国，在他离间计的帮助下，秦王嬴政统一六国的计划进行得颇为顺利。这使李斯看到了希望，估计他很想笑，可他刚要笑，秦国出事儿了！

帮助秦国修筑水渠的韩国设计师郑国突然被查出了间谍的身份。这一下，秦国内部炸开锅了，许多秦国的宗族和大臣对秦王说："大王，您可小心点儿吧，那些从各诸侯国来侍奉您的人，也许都是来当间谍的，他们就是想离间秦国而已，请求大王把别国的人一概驱逐出去，我们秦国的事，我们自己来办！"

脑洞剧场

秦王嬴政点点头："轰走这些人，寡人是不是就可以不给他们开工资了？"

众大臣听完，眼泪都下来了："大王，这不是重点呀！"

嬴政："行，寡人知道了，这就下令驱逐客卿。"

众大臣："这就对了，您得按词儿说。"

秦王嬴政决定驱逐别国的人后，原籍为楚国的李斯也被列在了驱逐名单当中。刚要走上人生巅峰，就被人从山上给轰下去了，这对于李斯来说，绝对是晴天霹雳，看完逐客令之后，他忍不了了，大笔一挥，写了一篇《谏逐客书》。

李斯表达的意思很简单。大王您驱逐别国人士，我认为这有些过于小心了！放眼秦国的发展史，不正是因为任用了国外的人才而获得了实在的好处吗？您的爸爸，您的爷爷，以及您爷爷的爸爸……都曾从他国广纳贤士。您要把客卿全轰走，说明您排斥国外的人和物，既然您有这种想法，那把您最喜欢的奇珍异宝也一起扔了吧，那些都是国外的。您最喜欢的美女也不是秦国的，您最喜欢的音乐也是外国的，您最喜欢的马是“进口”的，还有您身上穿的衣服……

嬴政一想，李斯说的也有道理。要按照之前那个思路，寡人里里外外可都穿的是从外国买来的，这要是都脱了，会冷吧？他赶忙废除了逐客令，并且恢复了李斯的官职。

就这样，又过了二十多年，嬴政终于在李斯的辅佐下，统一了天下，成为秦始皇。李斯也成为秦国的丞相，一人之下，万人之上，尊贵至极。

李斯的努力没有白费，他得到了自己当初所奢望的一切。到后来，他的儿子们娶的都是秦国的公主，女儿们嫁的也都是秦国的皇室子弟。他的长子李由在家中设宴，文武百官前来道贺，门前的车马数以千计。

这时候的李斯想到了自己的老师荀子曾经说过的话——物禁大盛。他说：“当今人臣之位无居臣上者，可谓富贵极矣。物极则衰，吾未知所税驾也！”

物禁大盛的意思是任何事情都不要做得过了头。李斯的意思是，现如今做臣子的，没有人比我职位更高了，可以说是富贵到了极点。然而事物发展到极点，就要开始衰落，我还不知道我最后的归宿是哪里啊！

李斯担心是有理由的。因为决定他最后归宿的事情很快就发生了……

公元前210年，秦始皇出巡，随同出巡的主要人物有李斯、赵高和秦始皇宠爱的小儿子胡亥。

如果这是一次普通的出巡，那么这样的组合没有任何问题。可这次出巡并不普通，因为这次是秦始皇最后一次出巡。

没有人想得到，强大如秦始皇，他离去的时候却是那么突然，这让所有的人都感到措手不及。秦始皇本人也一样，虽然他用尽最后的力气，命令赵高替自己给长子扶苏写好了诏书，让他赶紧回咸阳主持大局，但秦始皇忽视了赵高的野心……

诏书封好之后，还没有交给使者，秦始皇就去世了。这样，书信和印玺就全都落在了赵高的手里，握着这两样东西，赵高对权力的欲望被彻底点燃了。

而另一边主持大局的李斯此时只知道一件事，那就是在没有正式确立太子的时候，皇帝在外去世是很危险的。这个消息绝不能让外界知道。所以他决定暂时保守秘密，把秦始皇的尸身安放在一辆既保温又通风的车子里，百官奏事、进献饮食，一切都像往常一样。可李斯也清楚，在权力交接之际，走的任何一步都要小心谨慎，不然他和秦始皇努力建成的大秦很可能会付之东流。

就在李斯发愁的这段时间里，赵高那边已经攻克了胡亥的心理防线，他们准备篡权了……可这时他们还需要一个关键的盟友，那就是李斯。于是，赵高和李斯进行了一次激烈的对话。

脑洞剧场

赵高："丞相，如今诏书和皇帝的印玺在胡亥的手里，立谁为太子，就是我们一句话的事了。"

李斯："你怎么能说出这种亡国的话呢！"

赵高："如果扶苏当了皇帝，丞相之位必然不再属于您。"

李斯："你跟我说这些干什么？"

赵高："我在宫里待了这么多年，没见过被罢免的丞相有好结果的……"

李斯："你还是回去吧！我李斯只执行皇帝的遗诏，我的命运听从上天的安排。"

赵高："在安危面前不早作决定，不算是聪明的人。"

李斯："我李斯本来就是平民百姓，受陛下提拔，让我当丞相，如今他把国家存亡的重任交给我，我怎么能辜负他？请你不要再说了，省得连累我跟你一起倒霉！"

赵高："我听说圣人都不是循规蹈矩的，他们会适应变化，顺应潮流。"

李斯："我李斯还是个人啊，怎么能打那种主意？"

赵高："只要您听我的话，我保证您能延续富贵荣华，贤名远播。"

荣华富贵这几个字对于出身贫寒的李斯来说，还是有说服力的……于是，最终他屈服了，在"功名利禄"面前，"是非对错"被李斯放到了一旁，而这也让他犯下了致命的错误……

在赵高和李斯的合谋下，本该继承皇位的长子扶苏自杀了，胡亥成了秦二世，导致秦朝的统治坠入了暴政的深渊。李斯本想要劝谏，可是在赵高的诡计之下，非但没有成功，反而引发了秦二世对他的厌恶。

为了自保，李斯还曾试图谄媚，但无济于事，直到最后，李斯发觉赵高的权势已经大到足以危害国家的时候，已经晚了……

李斯对皇帝的提醒，只换来了牢狱之灾。接下来，就是赵高对他无休止的审讯。赵高十分乐意把自己知道的酷刑都用在李斯身上。

最后，李斯实在受不了了，承认了所有罪名，可他还没放弃，他想上书秦二世，让皇帝醒悟，但他上书的内容只有一个人能看到，那就是赵高。

赵高命自己的门客假扮成皇帝派来的使者，让他们轮番审讯李斯，只要李斯一说出实情，就对他施以酷刑。不知道经历了多少次这样的酷刑和毒打，当李斯见到秦二世真正的使者时，他也已经无法分辨，无力抗争了……

后面的结局几乎是注定的，李斯和他的族人都没能幸免于难。

曾经的名与利，终究变成了曾经。

2 刘邦

来自两个差生的较量

网上流行过一个段子，说的是学习好的同学和天才尖子生之间的故事。有一天，他们一起考试，学习好的同学得了 98 分，天才尖子生得了 100 分。

学习好的同学傲娇地对天才尖子生说："我们只差 2 分！"天才尖子生冷静地回答："你得 98 分，是因为你就会这么多，我得 100 分，是因为分就这么多。"

这是优秀的人的相遇，如果是两个学习不好的同学碰到一起，又会演绎出什么故事呢？

下面要说的这两位虽然学习不太好，却很有本事——刘邦和项羽。

命运之神还是很幽默的，偏偏让这两位领着一大群高才生去对决。

刘邦和项羽，这两位都是当时的风云人物，他们都是有机会夺得最高权力的人。估计他们做梦都想有朝一日成为一国君主……想想心里就一阵小激动。

殊不知，刘邦和项羽最大的问题不是身体条件差，而是没文化。作为秦末汉初比较有代表性的“文盲”，刘邦和项羽还是实至名归的。

刘邦从小就学习不好，他不单是不好好学习，游手好闲，还美其名曰“思考人生”。历史上像刘邦这样级别的人物，总要有些不同寻常的故事。没错，刘邦也不例外，但是他的故事有点儿惊人，惊人到什么地步呢？别人听完，一不留神下巴就找不着了。

《史记·高祖本纪》里记载：“刘媪尝息大泽之陂，梦与神遇。是时雷电晦冥，太公往视，则见蛟龙于其上。已而有身，遂产高祖。”

这段话的意思是，刘邦的妈妈有一天走路走累了，在湖边休息，然后睡着了。在梦里，她遇见了神仙。故事到这仅仅就是一个美梦而已。可是刘邦的妈妈不知道梦境之外的湖边，此时是雷电交加、天昏地暗，刘邦的爸爸刘太公到处都找不到妻子，心里着急，一边跑，一边找。他突然发现，湖边有一条龙正盘绕在妻子的头顶上，后来，妻子就有了身孕，接着就生下了刘邦。

《史记》里说刘邦长得像龙，大脑门、高鼻梁，胡子也非常柔顺漂亮。过去胡子漂亮就算帅哥了。所以刘邦生平有三大爱好——谈恋爱、喝酒、保养胡须。

而刘邦的竞争对手项羽，他的出身也不一般。项羽的爷爷是项燕，楚国的一位大将军，曾经大败秦军，杀死秦军七个都尉。虽然出身显赫家族，但项羽的学习成绩很不显眼。司马迁在《史记·项羽本纪》中这样形容项羽的学习："项籍少时，学书不成，去；学剑，又不成。"

这句话意思是说，项羽小时候学认字、写字，还没学几个字就放弃了，然后又去练剑，又放弃了。当时项羽的老师兼叔叔项梁，急得都不行了，这孩子怎么这样啊？！于是，他愤怒地批评了项羽。

可项羽却振振有词，说认字再多也没有用，能够用

来记住名字就行了，剑法再高超，一次也就能杀死一个敌人，他要学能敌万人的本事！

项梁点点头，项羽也点点头，反正项羽最后什么也没学成。

不过，项羽和刘邦没想到，有一天他们两个还会争个高下，这就是著名的楚汉之争。说来也有趣，刘邦和项羽的几次较量都跟一个字有关，那就是“吃”。

一开始，刘邦是没有资格跟项羽争夺王权的。他刚攻入秦国都城咸阳的时候，手里只有十万人，而项羽有四十万人，如果刘邦想要胜过项羽，必须保证自己这边的每个人都能“一个打四个”，这显然是不可能的。可要论单打独斗，刘邦想要胜过项羽，还不如指望手下们“一个打四个”。

但有一点项羽比不过刘邦。那就是刘邦比较善于听取周围人的意见。只要有人出了好主意，刘邦立刻就会采纳。项羽就不一样了，有人出了好主意，他可以装听不见。

项羽的军师范增一直劝项羽杀掉刘邦，因为范增察觉刘邦将会是项羽未来最大的敌人，因此，他后来还促成了一个历史上著名的饭局——鸿门宴。

吃好吃的饭菜本是一件让人愉悦的事情，但“鸿门宴”现在通常都会被指为不怀好意的宴会。

范增组的这个饭局的确不怀好意，可是项羽就是不配合，他三番五次提醒项羽动手，项羽全都不理睬。于是，范增便派项羽的弟弟项庄在酒席间舞剑，想在舞剑的过程中，以误伤为名，杀掉刘邦，虽然项羽的叔叔项伯也以舞剑为名保护刘邦，但场面还是十分惊险，这酒席间哪有一丝饭菜香，全变成了刀剑光。面对此情此景，只见刘邦一身正气地对项羽说道："将军，我去趟厕所！"然后，刘邦直接跑了，这才躲过了这场"鸿门宴"。

不过，事情果然像范增预测的那样，刘邦后来变成了项羽最大的敌人。此时的项羽也对刘邦真正动了杀机，他率领大军追击刘邦一直到荥阳，局势对刘邦十分不利，但刘邦也不好惹，二话不说，立马派人求和！范增不愿意了，他又对项羽说："现在的汉军还容易对付，如果现在放了他们，你以后肯定后悔。"

项羽听取了范增的建议，加紧了对荥阳的攻击，把范增高兴坏了。

可范增的梦很快就被打碎了，因为刘邦的谋士陈平给他献了一个计策：离间范增和项羽。而这个计策也跟"吃"有关系。

话说，项羽派使者去刘邦的大营，刘邦这边的接待人员就摆出了最高规格的筵席，牛、羊、猪应有尽有。当所有的饭菜都摆上桌，接待人员一看是项羽的使者都愣住了，说道："原来是项羽的使者，我们还以为是范增的使者呢。"话音未落，好酒好菜全部被端走了，换了一桌粗劣的饭菜。使者很生气，回去之后就把这件事汇报给了项羽，从此项羽便开始怀疑范增，并且逐渐削弱他的权力。范增见大势已去，便辞别项羽，决定告老还乡，最后病死于归途。

项羽间接逼死了自己周围的尖子生，而刘邦却不停地团结更多的尖子生，此消彼长之间，刘邦即便自己才能有限，又怎么可能不赢？

我想，有人可能会在这个时候搬出学习无用论，"你看吧，学习好的人都让学习不好的人领导了，学习没有用。"

实际上，学习最重要的并不是要背诵书本里的内容。虽然对于接受应试教育的学子来说这些也很重要，但更重要的是学习的过程。学习的过程其实也是塑造性格的过程，让我们能够耐得住寂寞，能够安下心来去明白一些道理。

所谓的知书达理，是我们在掌握知识的过程中，格局和气度也都在发生着微妙的变化，项羽可能就败在了这一点，从小学习没耐心，长大后做事爱莽撞，不采纳别人的意见，再加上自尊心太强，所以最后自刎乌江。

但是如果刘邦遇到了这种困境，我想他可能会毫不犹豫地选择从头再来。

不同的结局是由两个人不同的性格决定的，再来一次，相信结局也是一样的。人真的很奇怪，有时候明明知道怎么做会好一点儿，但依然按照自己的想法来，试想项羽败走乌江的时候也许想过要从头再来，只是他可能没过去心里那一关。个中滋味，谁能体会？

3 萧何

我的人生都是好主意

我研究了一下那些经常活在人们嘴里的“成功人士”，发现他们有一个共同的特点，从古至今都一样，我将他们的成功秘诀命名为“资源型朋友圈”。

如果你的脑子里有一个好想法，可你生活在小城市，身边能接触到的人，只有没事爱打游戏的叔叔，还有偶尔去跳广场舞的阿姨，那么，不管你是否愿意，你的生活也都很可能受到他们的影响。

换一个环境，即使你的脑子里还没有什么成熟的想法，但身边总有一些善于出谋划策的朋友，那么你所看到的世界也会大有不同。

一个人生活的环境，有时候决定着一个人的视野和发展。所以智者说，我们要善交益友，不交损友。这也许是最早的有意识地塑造自己朋友圈的想法。

在秦汉时期，有一个人不但人品靠谱，而且他的脑子里满满都是点子。一个好点子本身就代表着价值。无论有什么问题，只要点子好，事情便能得到合理的解决。

在秦朝末年，身为汉初三杰之一的萧何，不知道为刘邦出了多少个好点子。能够在乱世得到萧何这种人的辅佐，我们只能说这是上天眷顾刘邦。

萧何刚刚认识刘邦的时候，刘邦不仅是一个平民，还是一个地痞。

作为县令副手的萧何人缘一直不错，有很多好朋友，但是他一见到刘邦，就觉得刘邦与众不同。所以萧何总是利用自己县吏的职权，保护刘邦。萧何最初是在沛县当主吏掾，这个职位相当于县里主管人事调动的小官，别看人家官不大，不过据说起的作用还不小。

刘邦当上泗水亭长之后，有一次他奉命押送一批服役的人到骊山去修秦始皇陵，才出县境不远，便有许多人逃跑了。刘邦既无法追赶逃跑的人，又压不住现有的人。所以，当他带着剩下的人走到丰乡的大泽时，发现这次押送任务已经算是失败了，就看自己到底能失败到什么地步了。

按照秦国的法律，刘邦横竖都是个死。于是他索性把所有服役的人都放了，自己就带着十多个人逃到了芒、砀二山之间隐居避难。

反正刘邦知道，自己家里的事有萧何照顾，于是他就放心地在山里过上了猎人般的生活。

不过这样的日子也没过多久，公元前 209 年，陈胜、吴广在大泽乡揭竿而起。在各地豪杰的拥护下，他们扛起了反秦的大旗。

此时，许多地方的官吏也感到秦国的统治恐怕无法长久了，于是他们纷纷起兵反抗朝廷。这时候，沛县县令就有点儿坐不住了，反还是不反？感觉无论选哪条路都会死得很惨……这让他感到深深的不安，因为沛县县令一直觉得自己是个配角，而配角通常都长久不了。

但是，他依然想有所行动。于是，他找来了萧何、曹参一起商量起兵的事。萧何给沛县县令出了一个主意，他对县令说："你是大秦的官吏，你想起兵响应陈胜，恐怕没人听你的。要想把这件事办成，必须得把逃亡的豪杰请回来才行。"

其实，沛县县令要是顺着萧何的思路想下去，不可能同意这件事。县令是秦朝的官吏，人们不听他的，他找个豪杰回来，人们都听豪杰指挥了，那他不就架空自己了吗？可沛县县令是配角，所以他得按照配角的思路思考问题。

只听县令说道："老萧言之有理！"于是，赶紧派樊哙（县里的一个屠夫）去山里请刘邦。刘邦一听不用再打猎了，可以回家了，他高兴坏了，二话不说带着一众人等直奔沛县。

当时，刘邦在山上打猎也有段时间了，身边聚集了不少猎友，所以这群人一回来可把沛县县令给吓了一跳，心想：这有多少人啊？他们回来会不会给我带来麻烦？于是，沛县县令后悔了，他赶紧下令把刘邦他们拒之城外，还想将萧何、曹参等人抓起来。

其实刘邦刚到城外的时候，就已经看出来，县令可能并不欢迎自己，于是他马上下令，把县城团团围住，准备攻城。

而就在这时候，萧何、曹参从城内逃出来了，三人一合计，想出一个好点子来。只见刘邦在一块布上给沛县的父老乡亲写了封信，然后用箭射进了城中。一封信看完，全城的老百姓都感动了，二话不说，就把县令抓了起来。所以，点子要是出得好，一块破布同样可以发挥“千军万马”的作用。

把刘邦等人迎进城来之后，摆在沛县父老面前的首要问题是接下来该由谁来带领大家奋斗。看着刘邦身边那些凶神恶煞的壮汉，父老乡亲都纷纷表示，自己崇拜刘邦已经很久了。于是大家都推举刘邦来当首领，可谁也没想到刘邦居然推辞了。全城父老都纳闷了，他不当首领，还有谁敢站出来当？

可是无论大家怎么劝，刘邦都不干，他坚持要大家选一个全县最有声望的人来当领导。

萧何和曹参等人都是文官，他们担心如果担任反秦的首领，万一起义失败，就有抄家灭族的危险，还是让刘邦当领导吧！

沛县的父老也纷纷提议，让刘邦当领头人吧，他出生时就有神迹，而且遭遇也很离奇，他一定是个贵人，我们为此事占卜过，刘邦最适合当领导。

刘邦推辞了几次都没推出去，于是他们便在县衙大堂举行了仪式，从此刘邦成了“沛公”。

总之，在萧何的帮助下，刘邦成功迈出了自己事业的第一步。而他之后的每一步，之所以能够走对，也和萧何有着密不可分的关系。

后来刘邦的队伍慢慢地发展壮大，在萧何等人的协助下，在项羽之前攻入了咸阳，并且灭了秦朝。然而，在灭亡秦朝之后，刘邦的追随者们以为到了收获的季节，纷纷要求“分赃”。在这个节点上，几乎能看出众生相。这一段就记录在《史记》里面，原话是这么说的：“诸将皆争走金帛财物之府分之，何独先入收秦丞相御史律令图书藏之。”

这段话意思是说，在刘邦和将领们争先恐后地奔向储藏财宝的仓库时，萧何却先把秦朝丞相和御史大夫保管的法律诏令以及各种图书文献收藏了起来。

当时没人意识到萧何收藏的这些文件才是最贵重的东西。现代人可能更好理解，因为萧何手里抱着的全是关于国家的重要信息，而且这些信息还不能上网搜索。后来刘邦之所以能详细地知道全国各处的险关要塞，户口多少，兵力强弱，都是因为萧何手上有这套完整的秦朝文献档案。

在实力决定一切的时代，刘邦又被项羽赶出了咸阳。不过刘邦在这个时候也赚到了一个人才，那就是韩信。只不过，那时的刘邦并没有察觉韩信的才能，仅封了个治粟都尉给他，所以没多久，韩信就跑了。

一听说韩信跑了，萧何就慌了。想了半天，最好的主意果然还是追啊。

萧何月下追韩信，这是一个很有名的典故。当时，刘邦的霸业迟迟没有起色，许多追随者都逃走了，可刘邦怎么也想不到萧何也会逃，直到萧何把韩信追回来，刘邦才明白，萧何是为自己挽留人才去了。由于刘邦对韩信的不重视，他差点儿就错过了这位能助自己成就霸业的大将军。不过幸好，刘邦有萧何。

后来天下的局势越来越明朗了，刘邦身边是谁？萧何、韩信、张良、曹参、樊哙等数不胜数的人才。而楚霸王项羽身边呢？只有一个范增，偏偏他还去世了。所以，最后的胜利自然属于刘邦。

灭了项羽，平了天下，接下来就是论功行赏了。可是由于群臣争功，这件事讨论了一年多，仍然没有结果。这时候，刘邦还是很给力的，算是个有良心的人。他知道，自己之所以能够坐上皇帝的宝座，和萧何密不可分。所以，刘邦定了萧何的功劳最大，封他为酂侯，给他的食邑也很多。这时候，许多武将都有点儿不服气。

脑洞剧场

众将军说："陛下，我们身披铠甲，手执兵器作战，多的打过一百多仗，少的也经历了几十次战斗，攻破敌人的城池，夺取敌人的土地，或大或小，都有战功。现在萧何只不过靠舞文弄墨，发发议论，从不上战场，反而位居我们之上，这是什么道理？"

只见刘邦说道："诸位懂得打猎吗？"

“懂啊，我们原来不是还一起当过猎人吗？”

“嗯……那你们知道猎狗的作用吗？”

“知道啊。”

“打猎的时候，追赶扑杀野兽的是猎狗，能够发现踪迹，向猎狗指示野兽所在之处的是猎人。现在你们诸位只能奔走追获‘野兽’，不过是有功的‘猎狗’。至于萧何，他能发现踪迹，指示方向，是有功的‘猎人’。他的功劳是不能被忘记的。”

群臣听完了刘邦这番话，都不敢再说什么了。

上面这段内容基本符合史实。总之，刘邦待萧何还是很厚道的，除了萧何本人，据说，他的父亲、兄弟也有很多人受到了封赏。

对于这样的恩情，萧何也只能用绝对忠心来报答，他知道，对刘邦最好的报答，就是让他的国家能够长治久安。所以后来，当他听说好朋友韩信要在关中谋反的时候，他毫不犹豫地为吕后出了个点子——诛杀韩信。

而为了刘邦和他自己亲手创立的国家，萧何也几乎倾尽了全部。他知道，想要保证一个国家的稳定，科学严谨的制度是必不可少的。为此，萧何参照秦朝法律，结合当时的社会情况，制订了九章律法。这可以说是汉朝制定律令的开端，也为汉朝之后律法的制定，奠定了基础。

然而，常年为国操劳，年迈的萧何病倒了，这一倒就再也没有站起来。

不知萧何在病床上是否也曾回望自己的一生，是否依然留有遗憾。一世操劳换来了千秋万代的基业，纵横捭阖却终将归于泥土。生不带来，死不带去，那曾经的短暂辉煌，是否就是一种幸福呢?

4 韩信

当断不断，自有人来把你断

当我们在考试中遇到一道很难的选择题时，该怎么选答案呢？选 A，选 B，选 C，还是选 D？

假设这是一道单选题，我们至少有 25% 的机会答对。无论何时，我们都会比较高效地给出答案，不会在某道选择题上浪费时间，因为有时一道选择题的正确与否无关大局。

当我们面临人生的选择的时候，就不是那么简单了。这里的答案不是唯一的，而当我们做出选择之后，产生的后续影响可以延展出很多不同的结局。有些事情是不允许出错的，在该下决断的时候，需要立刻做出决定，晚一步便追悔莫及。

有一句古话说得好，“当断不断，反受其乱”。

在做决断的时候，即便是同样迅速而高效的决定，也有果断和武断之分。所以，尺度的拿捏是一个技术活，哪怕是文武兼备的全才，也未必能掌握这种技术。

就像淮阴侯韩信一样，虽然他在军队中是神一般的存在，但是在关键的时候，他也会优柔寡断。

说起韩信这个人，还是挺有特点的。他既没有显赫的家世，也没有出众的德行；既没有值得炫耀的颜值，也没有特别好的人缘；既没有存款，也没有工作，而且他还懒。

话说，韩信刚开始就是一个普通老百姓，因为贫穷，经常寄居在别人家吃闲饭，遇到脾气好的人就多吃几天，遇到心眼小的人就少吃几天，然后……还会打包。他曾经去南昌亭长家混吃混喝，韩信是一个心眼很实的人，这一吃就吃了他们家好几个月。

亭长的媳妇儿受不了，心想：这个人没有工作也就算了，居然胃口还挺好。他的心怎么就那么大呢？谁都知道，薅羊毛不能按着一个薅，你看看我家亭长还有“羊”模样吗？这都快薅成“沙皮狗”了。

于是，她想了一个办法，一大早就起来赶紧把饭做好了，然后在床上吃饭。等差不多快开饭的时候，韩信来了一看，厨房里什么都没有，就躺着几只瘦骨嶙峋的耗子。韩信一下子就明白了，于是愤然离去，连头都不回，蹭饭也是要尊严的！哼！

韩信还算是一个挺果断的人，发现自己不受欢迎了，马上就撤，没有一丝犹豫。当然，主要也是因为饿，他还得去别处蹭饭。所以，我们不能太埋怨他，当一个人还没有解决温饱问题的时候，就先把理想放一放吧。

对于一个饥饿的人来说，理想不能当饭吃。所以韩信还得去觅食，这一次他瞄准了新鲜的食材。司马迁在《史记》里说：“信钓于城下，诸母漂，有一母见信饥，饭信，竟漂数十日。”这句话说的是，韩信饿得不行了，有一天他就拿着鱼竿去城外钓鱼，河边有几位大妈正在洗衣服，其中有一位大妈觉得韩信实在可怜，就把自己的饭分给韩信吃，一连几十天，大妈每天过来洗衣服，韩信天天过来钓鱼。

韩信很高兴，也被大妈感动了，他深情地对大妈说：

“总有一天，我一定要报答您！”

可大妈还生气了：“你连自己都养活不了，我是可怜你才给你饭吃的，难道是希望你报答吗？”

一些人就看不惯韩信，淮阴有一个年轻的屠户，就打算故意难为一下韩信。

脑洞剧场

屠户：“哟哟哟！这是谁啊？这不是我们那吃白食的韩信吗？”

韩信：“请你不要出口伤人。”

屠户：“少跟我来这套！别看你长得高高大大的，我可不怕你，整天还总在腰上挂着兵器，你那是什么兵器？”

韩信：“这个？宝剑啊。”

屠户：“宝剑是你带的吗？我看你就是一个胆小鬼。你要是不怕死，就拿剑刺我！”

韩信：“你不要欺人太甚，小心我明天去你们家蹭饭。”

屠户：“你……你还别吓唬我。你要是不敢刺我，那就从我胯下爬过去！”

韩信很生气，上下打量着屠户，点点头：“胜算不大。”一晃神的功夫，韩信便从屠户胯间穿过。

屠户整个人都震惊了，这钻得也太没有心理负担了。他看着韩信的眼神也柔和了许多，说：“你就从来没在乎过你的尊严吗？”

上面这段是我编的，总之，从那之后，所有人都认为韩信是个胆小鬼。也有人说，韩信并不是真的怕这个屠户，而是因为他觉得不值得和对方拼命，所以他选择忍耐。这个猜想是有可能成立的，因为秦律规定，私自斗殴要受到惩罚，所以这也许是韩信作这个决定的原因。

决断这些事还不是韩信要面临的最大考验。如果韩信在面临所有的选择时，都能做到当断则断，那历史的走向可要大不一样了。

没过多久，楚国的项梁揭竿而起，率领起义军公然反抗大秦。据说，韩信在平时潜心蹭百家饭以外，剩下的时间都在研究兵法。所以，听闻项梁起义后，韩信就坚信机会来了，即刻起身去投奔项梁。

可是韩信在项梁那里并没有得到施展的空间，在项梁失败后，他又投奔了项羽，但是项羽也没有重用他。于是，他最后投奔了刘邦，刘邦还是很够意思的，让韩信负责管仓库……

韩信心都要碎了，早知道以后的职业是管仓库，就不看那么多兵法了，说好的“知识改变命运”呢？

可这还不算惨呢，韩信后来还倒霉地牵扯进一个案子，被法官判了死刑……同案的十三个人都要被杀，韩信排在最后一个。

韩信跪在刑场上，就听自己的另一边，传来了一声又一声的嘶吼。

脑洞剧场

犯人甲：“我冤枉啊！”

刽子手手起刀落，犯人甲卒。

韩信摇了摇头，说：“理由不充分。”

犯人乙：“我还有老人要养！”

刽子手手起刀落，犯人乙卒。

韩信摇了摇头，说：“没有说服力。”

犯人丙：“地上有钱！”

刽子手哐哐两刀，犯人丙卒。

韩信摇了摇头，说：“骗人的，挨两刀。”

后面被行刑的人也不抱希望了，喊什么的都有，“十八年后又是一条好汉”“翠花，我爱你”“我真的还想再活五百年”……韩信表示，最后一条确实没听懂。

上面这段是编的，下面来说真的。说话间，就要轮到杀韩信了。而韩信经过综合判断说了一句话，这句话也为他带来了生的希望。这句话就记录在《史记》当中，他说：“上不欲就天下乎？何为斩壮士！”

韩信说的这句话是什么意思呢？他说：“汉王，您不是打算得天下的吗？为什么要杀掉壮士呢？”

当时听到韩信这句话的人，不是别人，正是刘邦身边亲近的人夏侯婴。夏侯婴当时很惊讶，他走近一瞧，“这人相貌威武，看着像个有本事的人。”于是，就做主把韩信给放了，把韩信再次推荐给刘邦，可韩信的事业依然没什么起色。

后来，韩信又认识了刘邦最信任的萧何。聊了几次天之后，萧何已经断定，韩信是一个不可多得的人才，也向刘邦推荐了韩信。

奇怪的是，虽然多次被人推荐，韩信却还是迟迟不被刘邦重用。他被深深地伤害了，经历了这么多事，还是找不到一个好工作……韩信表示，很寒心啊。他决定离开这个伤心的地方。

紧接着，就发生了著名的萧何月下追韩信的故事。而直到萧何这次把韩信追回来，刘邦才真正开始重视韩信，最终封他为上将军。

有了韩信之后，刘邦的事业简直如日中天。刘邦和项羽还是有本质上的区别的，相较而言，刘邦更清楚如何借用别人的力量，也知道如何对待人才。

后来，韩信为刘邦打了不少胜仗，而且韩信这人特别擅长以少胜多，像这种低投入、高产出的战斗，韩信打了很多次，一个个对手都被他打得眼泪汪汪的。到最后，打得项羽都有点儿害怕韩信了，派武涉去游说韩信，希望韩信能够离开刘邦。

武涉的思路很清晰，他没打算劝韩信投靠项羽，而是鼓动韩信，让他和刘邦、项羽三分天下。当时的形势很微妙，如果韩信保持中立的话，有可能真可以来个三分天下，而他如果帮项羽，项羽就赢了，他帮刘邦，刘邦就胜了。

全国的局势的发展貌似都在韩信的一念之间。按理说，这么大一块“蛋糕”摆在面前，韩信没有理由不吃。

但是韩信真的没吃，他感念刘邦的知遇之恩，所以拒绝了项羽的邀请。

不过，按照当时的情况，韩信可以试着尝尝这块“蛋糕”的味道。因为他手握兵权，并且威望已经大到足以威胁领导的地步了。武涉之后，在齐国有一个名叫蒯通的人，他也认为天下可以三分，决定再劝劝这个韩信，而他采用的手段很特殊。

蒯通说：“大王，我学过相面，要不要让我看看？”

韩信点点头：“你不是天天看吗？有什么话快说！”

待韩信屏退左右，蒯通对他说：“人的高贵卑贱在于骨骼，忧愁、喜悦在于面色，成功失败在于决断。用这三项验证人的面相万无一失。可是单看面相的话，您只不过是封侯，而且还有危险。但是看您的背相，却是显贵非常。”

韩信就问：“此话怎讲呢？”蒯通就摆事实讲道理，跟韩信说，您还是得争取三分天下，最后还说了这样一句话，“盖闻‘天与弗取，反受其咎；时至不行，反受其殃’。原足下孰虑之。”

蒯通说的是什么意思？苍天赐予的好处，不接受，反而会受到惩罚；时机到了不采取行动，反而要遭祸殃。

希望您仔细地考虑这件事。

这回韩信是真犹豫了，对于他来说，有两个选择，要么离开刘邦自立，要么继续帮助刘邦灭了项羽。

虽然只有两个选择，但是想要选对，却不是那么容易。每一个选择，都需要后续的行动来支持，而且是坚定地支持。如果他选择的是自立的话，那么就应当立刻行动起来，和项羽、刘邦下一盘平衡势力的棋。

可韩信最后还是没有迈过自己心中的那道坎，他觉得自己功劳这么大，和汉王刘邦的关系又好，他完全可以做一个忠义名臣。

韩信犹豫再三，还是谢绝了蒯通的建议。

而当韩信这个砝码加在刘邦这里之后，刘邦就毫无悬念地取得了天下。按理说，韩信既然已经选择支持刘邦了，那就老老实实地支持吧，可这时候他居功自傲，自矜其能，总是时不时地挑战一下刘邦的忍耐力，一会儿跟刘邦要这要那，一会儿又在私底下搞点叛逆的小动作。

事实证明，韩信确实一点儿也没闲着，他不仅收留过项羽的逃亡将领，炫耀过自己的功高盖世，还动过反叛的心思，甚至鼓动别人和自己造反。

所以，最后连司马迁都忍不了，在《史记》中评论道，如果韩信会说谦让的话，不夸耀自己的功劳，不自恃才能，那么他在汉朝的功劳可以和周朝的周公、召公以及姜太公这些人相提并论，他的后世子孙也会享祭不绝。只可惜，韩信在天下安定的时候暴露了谋反之意，怎能不招致灭门惨祸呢？

韩信在可以自立门户的时候，选择了刘邦，却没能按捺住反叛的内心，当他真的想要自立门户的时候，已经太晚了。他用一生的浮沉告诉我们——当断不断，必受其乱。

5 石奋

懂礼貌也是生存之道

西汉时期，有一个名叫石奋的人。十五岁的时候，他便做了一个小官，机缘巧合，碰到了还没有当上皇帝的刘邦。刘邦对石奋印象非常好，因为石奋特别有礼貌。

《资治通鉴》里记录着刘邦和石奋的一段对话。

（高祖）问曰："若何有？"（石奋）对曰："奋独有母，不幸失明。家贫。有姊，能鼓琴。"高祖曰："若能从我乎？"（石奋）曰："愿尽力。"

这段话说的是，刘邦问石奋："家里还有什么人吗？"这只能算是场面上的客气话，结果石奋很实在，毕竟才十五岁，都说了："家里有个老母亲，失明了，家里穷，还有一个姐姐，会弹琴。”刘邦又问：“你愿意跟随我吗？”

一个手握大权的人问你愿不愿意跟随他，这对于听的人来说，显然不是疑问句！石奋也不例外，马上回答“我愿意”。

从《史记·万石张叔列传》当中可以看出，刘邦应该很喜欢石奋，让他做了中涓，专门负责接收大臣们递上来的书信奏折，也算是皇帝身边的贴心侍从。而且他们一家人后来都搬到了长安城，石奋最后还做了大官。

石奋能走向成功是因为才思敏捷，有文采吗？不是。是因为严谨务实，学问渊博吗？不是。难道是因为长得帅吗？更不是。

那是什么呢？用司马光的一句话来说，石奋虽然文化水平不高，但是超乎常人地懂礼貌。

懂礼貌到什么程度？在他退休之前就不说了，就算是退休之后，刘邦的孙子——汉景帝刘启已经登基，他对自己的要求仍然没有懈怠过。按照惯例，他每年都要定期去朝拜皇帝，每次经过皇宫的门楼，石奋都要下车，恭恭敬敬地迈着小步走过去。就算在路上碰到了皇帝的空车子，他也要谦卑地行礼致敬。

哪天皇帝高兴了，打发下人给石奋送点好吃的来，估计那场景就更热闹了。

史书记载，皇帝赐给石奋的食物，石奋统统跪在地上趴着吃完，就如同面对皇帝一样。而且，石奋不但这样要求自己，也这样要求自己的孩子。他对四个儿子都是严加管教。孩子即使在外地，只是当很小的官，每次回家看望他的时候，他都要正装接待，穿上朝服，从来不直接喊孩子们的名字。孩子们犯了错，他也从来不直接责骂他们，只是自己躲到一边坐着，对着桌子不吃饭。他身边的孩子也都非常孝顺，谁也看不了他不吃饭。赶紧按照家里的传统，先互相批评一番，然后让别的老人领着，光着膀子来到石奋面前磕头请罪，请求原谅。看到他们确实有了实际的悔改，石奋才会原谅他们。

后来，石奋的四个儿子也都当了俸禄有二千石的大官。石是一个计量单位，在汉代，一石大约是十五千克粮食，二千石就相当于三万千克粮食，这是高级官员的待遇。于是，汉景帝给石奋起了一个外号："石奋啊石奋，你和你的四个儿子都是二千石的大官了，依我看，做臣子的光荣全都集中在你们一家子身上了，五个二千石，干脆你以后就叫万石君吧。”

这就是石奋的故事，虽然人家的特长只有一个——懂礼貌，但是似乎过得也不错，不光自己过得好，全家都好。石奋的故事其实更多地告诉我们讲文明、懂礼貌的重要意义。懂礼貌虽然不一定会让我们飞黄腾达，但会让我们拥有和谐的人际关系和家庭关系。

6 张良

人贵有自知之明

竞争这个词大家都不陌生，很多家长已经早早把这个词灌输给了自己的孩子。想要在未来拥有一席之地，就要让孩子们学会竞争。

其实竞争的无非就是位置两个字，争的是自己向往的位置。谁都有自己向往的位置，但是在找准位置这个领域，也是很有讲究的。

找准位置，这是一个非常普通的短语，很好理解，但是很难做到。人有七情六欲，看待事物的时候，难免会有期盼、有想法、有目的，稍不留神，就容易找错位置。

事实上，在这个世界上发生的很多事情都跟没有找准位置有关。大到国家政事，小到人际关系，这个位置是不是得当，就显得很重要。如果不恰当，很容易出问题。

在历史上，有一个人貌似对“位置哲学”很有研究，在他的一生中，位置几经改变，但无论怎么变，他都能成功地自保，此人就是汉初三杰之一，刘邦手下顶级的谋士——张良。

说到张良，他还真是挺倒霉的一个人。

为什么这么说呢？按理说，张良的出身很高贵，是韩国的贵族。他的祖父张开地在韩国连任了三朝的丞相，他的爸爸张平也不简单，在韩国当了两朝的丞相。总之，张良他们家绝对是大家族，高贵得不能再高贵了。可就在张良长大成人，兴高采烈地准备继承家业的时候，韩国没了……

家道中落的张良心里越想越不是滋味儿。要知道张良他们家本来有三百个仆人，这回可倒好，秦国人来了一趟，全给带走了。张良也是真急了：“秦国你们欺人太甚了！咱们后会有期！”张良也跑了……

但是，他心里从没有忘记仇恨。于是，张良动用全部家产，暗地里寻觅勇士，希望有朝一日可以报了这个血海深仇。好在皇天不负有心人，没过多久，张良还真找到一个勇士，据说力气特别大。张良很满意，还找人给这位勇士做了个大铁锤。张良计划得特别好：看见秦始皇之后，把他砸成肉饼，大功告成。

当张良他们趁着秦始皇东巡，准备行刺的时候，却出现了一个失误。当时的情况是这样的，张良跟勇士交代好了，皇帝的车队一来，就赶紧找到皇帝的车，然后连人带车砸成饼，再撤退。

真到行刺那天一看，完了，皇帝车队里的车长得都一样。时间不等人，最后他们决定蒙一个砸……勇士抡起大铁锤就把一辆车砸成了饼，可惜砸错了。

一帮人就跑了……

秦始皇很生气，下令全国捉拿张良。而张良呢？隐姓埋名，躲了起来。张良躲得很有技术含量，因为他躲的这个地方就是下邳，这里将会改变他的命运，当然还有他所处的位置。

《史记·留侯世家》写过一段张良捡鞋的故事。“有一老父，衣褐，至良所，直堕其履圯下，顾谓良曰：'孺子，下取履！'良鄂然，欲殴之。"

什么意思呢？话说，有一天，张良在下邳桥上散步，迎面走来一个老人，这个老人身上穿着粗布衣裳，走到张良的跟前，故意把自己的鞋甩到桥下，对张良说："小子，下去把鞋给我捡上来！"司马迁描写得十分传神，说"良鄂然，欲殴之"，意思是张良感到很惊讶，当时就想揍他。

但是一看这老人岁数也不小了，张良心说："忍忍吧。"于是，下去把鞋捡上来了。谁知道，老人看样子不想善罢甘休，还要难为一下张良。

脑洞剧场

老人："给我把鞋穿上。"

张良很生气了，但还是强压怒火，说道："老人家，您这鞋杀伤力太大，辣得我眼睛都睁不开。"

老人："少废话，穿鞋。"

张良："好，您等一等，容我憋一口气。"

张良长吸一口气，总算帮老人把鞋穿上了。老人穿着鞋，乐呵呵地走了。他走了大概有一里路又返回来对张良说：“孺子可教也。五天之后，咱们还在这里相会。”张良心中充满了疑问，可转过头来又一想，觉得这个老人应该不是一般人，就答应了。

到了第五天，天刚亮张良就到了，一看老人已经等在那里了。老人看见他很生气，说：“你跟老人有约，居然还迟到，五天以后再来。”说完愤然离去。

又过了五天，鸡刚叫，张良就去了，结果又是老人先到的，老人更生气了：“你又迟到了，五天以后再来！”

再等了五天，这回张良不到半夜就来了，老人早晨见到他就乐了：“这么早啊。”张良点点头：“嗯，昨天来了以后，我就没走。”老人很高兴，给他留了本书，嘱咐道：“读完这本书，你就可以成为帝王的老师。再过十年，将有王者兴起。再过十三年，你我还会见面，那时候你要是在济北郡的谷城山下看见一块黄石头，那就是我。”

说完这些话，老人就走了。此后，张良再没见过这个老人。而老人给他留下的这本书就是传说中姜太公写的兵书《太公兵法》。

张良的确是个能人，在他的帮助下，刘邦的事业越发风生水起。这期间，他为刘邦出谋划策，立了不少功劳，手捧《太公兵法》，打起仗来就跟拿着答案考试似的，见谁虐谁！当然，鉴于刘邦的实力有限，也是先打那些好打的。

刚开始，张良并没有把自己的位置放在为刘邦夺取帝位上面，而是一心想着复国，韩国被灭依旧是他解不开的心结。所以有一段时间，张良一边为韩国的事务奔波，一边利用业余时间帮助刘邦。

后来他找到了公子韩成，拥立韩成担任“名誉”上的韩国大王。他自己呢？就是名誉的韩国丞相。但是这个韩国政府是很脆弱的，因为他们的办公室是流动的。今天刚打下来一个城池，明天又被人夺回去了。所以韩成的日子过得也挺惨，带着一千来人，整天打游击战，但是张良一直坚持着、坚持着，一直坚持到韩成死。

此话从何说起呢？原来，项羽一直都很不喜欢韩成，因为这个韩成让张良帮刘邦做了不少事，但项羽又打不着刘邦，还是很生气，怎么办？就折腾韩成。

反正项羽算是找到出气筒了，也不让韩成回封国，就放在自己的身边，每天坚持不懈地折腾他。最后韩成也真的不成了，在彭城被项羽杀害，张良复国的愿望就此破灭。张良没办法，还得先避一避，抄小路投奔刘邦。必须承认，刘邦也需要张良，如果没有张良，也许刘邦的大事也成不了。

有一次，刘邦被项羽围困住了，开始盼星星盼月亮，等着韩信来救自己。等啊等啊，他等来了韩信的一封信，打开信一看，韩信写的是想要当代理齐王。刘邦的火一下就上来了，心说："我在生死关头，你还要称王？"刘邦张嘴就要骂，可张良最清楚他们当时的位置了，其实刘邦答不答应都无所谓，韩信当时手握重兵，他要是想的话，兴许能跟项羽、刘邦来个三分天下，所以张良赶紧提醒刘邦，刘邦才回过神来，马上改口："韩信这小子是不是有病啊？做什么代理齐王啊？要做就做真齐王。"刘邦答应了这事之后，韩信这才带兵过来把刘邦给救了。

刘邦能成就一番霸业，多亏了张良一直提醒着他，所以才能少犯错误。这就像下棋一样，高手过招，比的

我的位置?

就是看谁失误更少。

不过，张良也有不足之处，他身体不是很好，体弱多病，虽然没有独自带兵打过仗，但他献出的计策发挥着胜过千军万马的作用。刘邦成就帝业之后给了张良一个很高的评价“夫运筹策帷帐之中，决胜千里外，吾不如子房”。

子房就是张良的字。当然，当时刘邦不仅提到张良的辅佐，还提到了萧何和韩信，三个人的功劳都很大。但是，张良给自己的定位一直比较清晰，虽然是大功臣，却没有居功自傲。刘邦想要让张良在山东附近选三万户当作自己的封邑，他怎么也不肯接受，他只要留县作为自己的封地就心满意足了。这个留县就是当初刘邦和张良相遇的地方，张良还对刘邦说：“是上天把臣交给您的。”

就这样，张良陪着刘邦把汉朝建立之初的事情安排得差不多之后，他就开始慢慢退出权力的中枢。

道家的思想对张良的影响是很大的，张良不仅学心法，还学功法。像什么吐纳之术、辟谷等，张良都修炼。辟谷顾名思义，就是不吃五谷，主要目的是养生保健。

这边张良修炼着，那边长安的皇宫里面的局势却越来越乱，因为刘邦想换太子了。当时刘邦最宠爱的女人就是戚夫人，所以刘邦就想改立戚夫人的孩子当太子。但是，刘邦的大老婆吕后是不可能同意的，这牵扯到她的切身利益了。

此时，刘邦貌似是心意已决，怎么办？有人就给吕后出主意，赶紧去找张良出谋划策。于是吕后就派自己的哥哥建成侯吕泽去咨询正在修道的张良。

脑洞剧场

吕泽想先声夺人，上来就批评张良："现如今，皇上想换太子，您怎么还能躺在床上睡大觉呢？"

"啊？我……我辟谷呢。"

"那您也不能睡大觉啊。"

"你……你试试，试试一直不吃饭。除了睡觉，还有力气干什么？"

"无论如何您得想个办法。"

吕泽好说歹说，最后张良给吕后出了一个主意，总算保住了刘盈的太子之位。在这个过程当中，张良在位置的拿捏上，依然恰到好处，不对别人的家事参与过深，不给当权者任何压力，所以张良最后得以善终。

7 郅都

这个官员特别“冷”

在古代，官员是一个令人羡慕的群体，他们是金钱、权力和名望的拥有者。在官员群体里，不同的职位决定着官员不同的定位，因此，萌生出很多狠角色。其中有一位尤其突出，他就是郅都。

汉文帝时期，郅都最早在皇帝身边做郎官，这个职位相当于皇帝的侍卫。郎官也不是随随便便就能当上的，汉代的郎官一般都是从贵族子弟里面选出的优秀人才，他们在皇帝身边锻炼一段时间之后，就会被调到其他职位。

后来，汉景帝执政的时候，郅都升为中郎将，职位低于将军，但已经属于高级军官序列。

郅都还是根硬骨头，敢在朝堂上直言进谏。《史记》里面就记载着这么一段：“（郅都）尝从入上林，贾姬如厕，野彘卒入厕。上目都，都不行。”

这一段说的是，郅都有一次陪汉景帝在上林苑游玩，当时宠妃贾姬也在，她去上厕所的时候，一头野猪突然闯了进去。汉景帝想要冲进去救贾姬，却被身边的郅都拦住了。

野猪的危险系数不言而喻，大臣们担心皇帝安危，而皇帝也担心身在厕所的宠妃，就用眼神示意郅都赶紧救人。郅都装作看不懂皇帝的意思，纹丝不动。皇帝心想：你不救，我救！拿着武器就打算去救贾姬。

此时，郅都突然跪在皇帝的面前，说：“陛下不能去啊。失去一个姬妾，您还会有别的姬妾，难道天下还会缺少贾姬这样的人吗？陛下纵然看轻自己，但请您想一想江山社稷、祖宗和太后。”

郅都的这一番冷酷直言，对贾姬来说虽然无情，对于汉朝的江山社稷来说却有益。汉景帝虽然心里别扭了一下，但还真就没去救贾姬。不过这时候也巧，奇迹发生了，野猪走了，贾姬也回来了。

后来窦太后知道了这件事，立刻派人赏赐郅都黄金百斤，汉景帝从此开始愈加重视郅都。

郅都执法也很严明。话说，在济南曾经有一个宗族很猖狂，在当地自成一霸，连最大的地方官济南太守都惹不起他们。于是，汉景帝就把郅都派到济南当太守。郅都到济南后，先把这个宗族里带头挑事的人全都杀掉，剩下的不老实的人，整天吓得腿打哆嗦。其他宗族的人也不敢与官府作对，济南的人没有不怕郅都的。一年以后，济南就变成路不拾遗的文明城市。

不仅如此，郅都还是一个把公正廉洁做到极致的人，从来不收礼物，也不看别人送来的求情信。他常常说的一句话就是："我既然已经背离父母来当官了，就应当在官位上奉公尽职，至死都保持我应有的节操，以至于最终不能顾念妻子儿女啊。"每每想到这，郅都在执法的时候都更加严格，谁要是犯了法，不管是皇亲国戚还是高宦富贾，一律严惩。后来皇族、列侯看到郅都的时候，都不敢直视他，郅都也多了一个响亮的外号"苍鹰"。

郅都的严酷确不是浪得虚名。汉景帝的长子临江王刘荣因为侵占宗庙的土地修建宫殿而犯罪，被传召到中尉府受审，结果落到了担任中尉的郅都手里。郅都丝毫没有徇私，坚持严惩，严到什么地步呢？

临江王想跟郅都借支笔给皇帝写封认罪书，都借不到。临江王可是皇帝的亲儿子啊，郅都一点儿面子也不给人家。后来，临江王的老师魏其侯窦婴偷偷给他送了书写工具，临江王给皇帝写完认罪书就自杀了。

后来，这件事被临江王的祖母窦太后知道了，一听说自己的大孙子就这么没了，下定决心要废掉郅都。于是，太后想办法让郅都被免去官职回家了。

可这时候，汉景帝还不想放弃郅都，派使者拿着符节让他直接赴任雁门太守。雁门位于汉朝北部边境，是军事要地，经常受到匈奴人的骚扰。可郅都一到雁门，形势立马改变了。据说，匈奴人都知道郅都是个狠角色，也没做什么心理斗争，就带着军队离开了汉朝的边境。直到郅都死去时，匈奴人都没敢靠近雁门。

为什么？因为匈奴人也怕郅都。他们甚至制作像郅都一样的木偶，来让骑兵们练习射箭，可练习的结果还是挺意外的。

脑洞剧场

匈奴首领："不可能的！难道一个小小的郅都，就能把我们的大军挡在雁门关外吗？我直接拿他当箭靶，总有一天我们会回去的。"

军官："报！士兵们刚刚练习完射箭。"

匈奴首领："这次的结果如何？"

军官："不行，还是完全射不中他。虽然箭是射了很多，但长得像郅都的箭靶还跟新的一样。"

匈奴首领："我们可是骑射起家的民族，怎么换上了长得像郅都的箭靶，精准度就成零了呢？要不然让士兵们别骑马射箭了，先站在原地射吧，找点自信。"

军官："我们就是站在原地射的。"

上面这段是我编的，下面说真的。据史书记载，匈奴人的确因为拿郅都当箭靶，射箭技术直线下滑，他们也是打心底里怕郅都。

但窦太后，汉景帝的母亲，临江王刘荣的亲祖母，她永远都忘不了刘荣的惨死。最后在窦太后的坚持下，汉景帝还是把郅都给杀了。

就这样，这位冷冷的官员就被帝王家冷处理了。

8 司马相如

一曲《凤求凰》成就的千年绝唱

说起千古名曲《凤求凰》，那就不得不提汉朝的文学家司马相如了。他有“辞宗”“赋圣”的美誉，写出过《子虚赋》《上林赋》《长门赋》等留传后世的名篇。但仔细研究一下这位大文学家的“档案”，首先就发现他的本名和作品风格的确相差很大。

话说，司马相如一开始也不叫这个名字，他的父母给他起的名字更响亮，叫犬子。翻译得通俗一点儿，就是狗娃，但是司马相如不开心了，我身为一个有志青年，以后背着狗娃这个名字行走江湖，那也太寒碜了。

就在这个时候，他想到了自己平时一直崇拜的那个偶像——蔺相如，干脆我也叫相如吧，以后我就叫司马相如了。司马相如不但对名字要求高，对自己要求也高。据说，他从小就是一个文武兼备的孩子，不仅爱读书，还练过武术，舞得一手好剑。

后来司马相如可能觉得自己文化学得差不多了，到了一展抱负的时候了。于是为了心中的理想，从成都跑去了长安。

司马相如是何等的有才华啊，那诗词歌赋写得不是一般的好，却没能得到汉景帝的赏识。为什么呢？据史书记载，汉景帝没有诗词歌赋之类的业余爱好，他爱好打猎。我们知道，皇帝身边的随从，有伺候起居的，有伺候饮食的，有伺候坐骑的，司马相如就是那个伺候打猎的。

司马相如无限感伤，我好好的一个文学特长生，干吗老让我干体育特长生的活啊？

就在这个时候，梁孝王，也就是汉景帝的兄弟，来朝见汉景帝，身边还带着几个专业的“秘书”，平时梁孝王可能特别爱跟这些人做学术交流。司马相如一看，他们才是跟自己志趣相投的人啊。

于是，他就辞去了汉景帝那边的职务，转而成了梁孝王的门客。这样的日子过了几年，在此期间，司马相如也完成了自己的代表作《子虚赋》。

可他还没高兴几天，梁孝王身体不行了，很快就去世了。司马相如愕然发现，自己已经失业了。怎么办呢？他回到了成都老家，再一看，此时家里穷得就剩四面墙壁了，还得找一个营生啊。

司马相如正犯愁时，与他素来有交情的临邛县令王吉派人来了。

《史记·司马相如列传》里是这么记载的："相如往，舍都亭。临邛令缪为恭敬，日往朝相如。"这句话说的是，司马相如找到了王吉之后，王吉就把司马相如安排在了城郊"招待所"。按理说，两个人关系这么好，王吉作为县令，直接把司马相如接到自己的府里住不就完了吗？可是王吉没有。他似乎故意把司马相如安排在了一个离"市中心"比较远的"招待所"里，而且每天去登门拜访，生怕别人不知道。

一开始司马相如还跟他当面聊聊天，可时间长了，司马相如开始"耍大牌"了。县令王大人再来，就直接派下人打发了，可王大人非但没生气，神情中还带着浓浓的“我还要再来”的感觉，他反而对司马相如越发恭敬了。

县里的人们就开始议论，也许是来大人物了。在大家的议论声中，司马相如的人气越来越高，一来二去大家都知道县里来了一位大人物。

王吉把司马相如彻彻底底捧红了。

当时，临邛县里的富人很多。其中有两位尤其有钱，一个叫卓王孙，据说家里光仆人就八百多个，另一个叫程郑，家里面也有几百个仆人。有一天，二人聊天的时候，说起了司马相如。

脑洞剧场

程郑：“卓大哥，你看，司马相如既然这么有影响力，莫不如……”

卓王孙：“程郑兄弟，原来你跟我想到一起去了，哈哈哈哈！”

程郑：“哦？大哥也想把司马相如……？”

卓王孙：“买！必须买下来。我早想好了，把司马相如买了之后，就先当书童，你要喜欢，你先请去用两天。”

程郑："大哥，钱不是这么花的。"

卓王孙："嗨！钱算什么，你就不用帮哥哥我省钱，明天咱就买去！"

程郑："大哥，司马相如是不能买的！"

卓王孙："不能买？直接抢人不好吧？"

程郑："我是说，不如我们请他和王吉王大人一起来，咱们吃个饭，以后办事总是好商量。"

卓王孙："好！"

说了一声好，主意就这么定下来了。

史书记载，卓王孙和程郑筹备了一桌酒宴，把县里有名望的人都请来，准备热闹一下。这一天，卓王孙家是宾客盈门，来了有一百多位宾客，王吉王大人也来了，大家相互寒暄，很是客气。

"久仰久仰！""失敬失敬！"大家就这样，各自聊着天。

可是眼看到中午了，人都到齐了，唯独司马相如还没来。

他人不到，饭没法吃，此时桌上响起了一片肚子叫的声音。卓王孙赶紧派人去请，司马相如说："对不起，有病来不了。”

关键时刻，还得看王吉王大人！只见他虚弱地说道："还是我去把他请来吧。”毕竟也饿成这样了，这有气无力的话语，勾起了众人的怜悯：“大人，要不您先吃一口再去吧！”

县令大人亲自前往邀请，这次司马相如再也不好拒绝了，请了两次了，再不去就不合适了。于是，他就跟王吉来到卓王孙家赴宴，这一来了不得了。在座的人无不惊叹他的风度，甚至有一些人潸然落泪：“终于可以吃饭了……”

酒过三巡，菜过五味。正在大家吃得高兴的时候，王吉不知道从哪拿出一把琴来，对司马相如说：“早就知道您精通音乐，不如弹奏一曲吧。”

“雕虫小技，何足挂齿。”一番推脱，最后还是盛情难却，司马相如弹了两支曲子。传说其中就有那首《凤求凰》。

要说，音乐的魅力果然奇妙，司马相如这一曲就弹出了流传千古的爱情。这件事就记录在《史记·司马相如列传》里："是时卓王孙有女文君新寡，好音，故相如缪与令相重，而以琴心挑之。"这句话说的是，卓王孙家里有一个女儿刚刚没了夫君，守寡在家，这位就是女主角卓文君，平时最大的爱好就是音乐。

司马相如来县里的时候，带着不少车马，这在当时算豪车了，穿的衣服雍容华贵，和县令关系又特别好，卓文君怎么想都觉得自己配不上他。隔着门缝，偷偷地望着司马相如，她喜欢得不得了。等到宴会结束，司马相如又重重地赏赐了卓文君的仆人，让仆人帮自己传话，兴许还有情书。

卓文君很高兴，自己不是单相思，于是她赶紧收拾行李，就跑去找司马相如。司马相如也很利索，带着卓文君回到自己的老家成都。司马相如的老家，穷得就剩四面墙壁了，还是无装修、无家具、无余粮的三无毛坯房。卓文君跟司马相如往回赶的时候，还以为司马相如家里有大房子，结果却令她大吃一惊。

卓王孙此时的吃惊程度不亚于卓文君，怎么就是好好地办了一个宴会，闺女还跟别人跑了呢？

史书上记载，卓王孙大怒："这孩子实在是太不长进了，我虽然不忍心杀她，但是她别指望从我这里拿到一

分钱！”多少人劝，他也不听。日子就这样维持了一段时间，卓文君实在过不下去了，就跟司马相如商量。

卓文君：“别人家的日子顶多是没米下锅，咱家呢？连锅都没有！不如回临邛，我跟兄弟们借点钱，总还能维持生活。”

于是，司马相如在做了不到一秒钟的思想斗争之后，同意了。他带着卓文君回了临邛县，在市场里开了一个小酒店。司马相如摇身一变，成了刷盘子洗碗的伙计，这叫落魄书生再落魄；而卓文君一转身，变成柜台的售酒员。这事传开之后，卓王孙自觉羞耻，连门都不敢出了。

这时候，家里的兄弟、长辈们过来劝：“你有一个儿子，两个女儿，你又非常富足。现在文君已经嫁给人家司马相如了，司马相如眼下虽然穷点，但是他人品好，有才华，也许以后人家就飞黄腾达了。况且人家还是县令的朋友，你怎么能让小两口受这种委屈呢？”卓王孙想了想也是，也别跟自己过不去了，就这样，分给了卓文君一百个仆人，一百万钱，还有一些其他的财物。

不过在司马相如和卓文君的这段故事里，也有人提出了一些质疑，司马迁认为司马相如之所以假装和县令王吉关系好，就是为了接近卓文君，然后通过弹琴来吸引卓文君。

虽然从《史记》的记载当中的确能感觉到司马相如蓄谋已久，但是我更相信，在之前的某个时候，司马相如和卓文君曾经偶遇过，那一定是个刚刚好的时间，那一刻，时间被冻结了，在司马相如的眼中，除了阳光，就是卓文君的脸庞。

9 邓通

成也文帝，败也文帝

在历史上，有一个人跟韩信的命运很像，这个人的成败也是因为同一个人，此人便是汉文帝的宠臣邓通。

邓通是南阳郡人，他出生的时候正好赶上连接南阳郡和汝南郡的官道修成，于是，他爸爸就给他起了个名字叫邓通。

父母通常都会对孩子寄予厚望，邓通的爸爸邓贤也不例外。要知道在古代人的心目中，衡量一个人的成功非常简单，只要能当官就可以了。如果实在当不上官，也可以考虑回家种地。

你说："我不想回家种地，经商可以吗？"家里的大人就会对你说："孩子，你怎么能去做这么低贱的事情呢？"

古代商人的地位极低，排在士、农、工的后面。在百姓心中，士人的地位最高，商人排在最后一位，跟现在不太一样。在邓通生活的西汉初期，还没有科举制度。

当时的读书人要想走仕途有三种方式：第一种，被朝廷征召做官，但前提是你必须要有很大的名气；第二种，在本郡做一个小官，然后再慢慢熬，等待升迁；第三种比较直接，自备车马、服装、食宿费，全程自费跑到都城去，在那里做备选郎官，等着朝廷给就业机会。不过这种方式也是有风险的，如果朝廷没看见你，等钱花完了，你就变成都城里最落魄的那种人了。

邓通家境还不错。他在家里排行老四，是最受宠的孩子。邓通的妈妈一连生了三个女儿，一家人谁也没想到，第四个孩子是男孩。邓贤喜出望外，如获至宝。邓通的妈妈松了一口气，看来不用再生了。

邓通是好不容易才得来的男孩，家人自然是非常疼爱他，对他也寄予厚望，希望他能成为天资聪颖、品学兼优的好孩子，最好是年纪轻轻就名满天下，走上人生巅峰！毕竟这孩子是集齐了三个姐姐才召唤出来的。

邓贤想着总有一天，大汉皇帝那征召人才的豪华马车要带我家邓通到京城，做大官！邓贤等啊等啊，最后明白了一个道理——人算不如天算。

他发现，邓通这孩子对经史子集一点儿兴趣也没有，只喜欢流连于村边的那条小河。

邓通天天和小伙伴们在河里游泳玩耍、捕鱼捉虾，每次都玩得昏天黑地，全身湿透了才回家。一家人那是有苦难言，没办法。邓通到了弱冠之年，也就是二十岁，在读书上还是没有任何起色，邓贤眼看着这个不争气的儿子，把第一条当官的路堵了个严严实实，只能为他选择了第三条路。毕竟也不能选第二条路，让他在郡里面当小官，他能有出息吗？邓贤就跟嫁女儿一样，为儿子置办好了时尚的衣服、上好的车马，眼含热泪、满怀憧憬地准备送邓通前往长安求官。

脑洞剧场

邓贤：“孩子啊，此去京城，路途遥远，一定要照顾好自己。”

邓通："父亲，您放心吧，只要您把钱给我带够，我会照顾好自己的。"

邓贤："到了京城，可不比在家啊，你处处要小心，多读书，少游泳。"

邓通："父亲，您过分了，我不认字。"

上面这段是编的，下面说真的。说话间，邓通真是如鱼得水，仕途像他的名字一样畅通。俗话说，来得早不如来得巧，邓通到了京城之后没几天，皇宫里专门负责管理游船的黄头郎出现了空缺。

于是，擅长撑船游泳的邓通就凭着独门绝技从候选者中脱颖而出，成为未央宫西边沧池的黄头郎。

当时大汉王朝的一把手是汉文帝刘恒。他天生仁孝宽厚、治国有方、爱民如子，碰到老奶奶摔倒了，都会立马扶起来。但他也想长生不老，延续着历代帝王心中可望而不可即的梦。

虽然他没有像秦始皇那样滥用权力为自己寻找长生不老的办法，但他也曾为此动过不少脑筋。

于是汉文帝选择做梦。睡着了，梦到自己长生不老，这倒是个比较容易达到目的的方法。所谓日有所思，夜有所梦，汉文帝经常会梦到自己登天，可是每次都离成仙差一点儿，因为飞到一半就停了，没有成功登天。可有一次例外。

话说，这天月朗星稀，微风习习，正是一个做梦的好时机。汉文帝又开始了自己的做梦之旅，在经过一番努力之后，仙界已经近在咫尺了，可是最后这一步无论如何登不上去了。在他手足无措、心急如焚之际，有一个人从后面推了他一把，就这样，汉文帝在梦里成功地进入仙界了。

汉文帝好奇谁推了他一把，回头一看，看到一个青春年少的黄头郎正在对着他微笑，那少年穿了一件横腰的短衫，衣带在背后打了一个结。梦醒之后，汉文帝心情大好，第一次梦见自己当神仙，有点儿激动。

汉文帝很开心，第二天，他吃完早饭就去了沧池，在那碰巧遇见了黄头郎邓通。那天也很巧，邓通的打扮居然跟汉文帝梦里黄头郎一模一样，也是衣带在后背打了一个结。汉文帝更高兴了，急忙命人把邓通召到面前，问他的姓名。

“你叫什么名字啊？”

“回陛下，奴才叫邓通。”

“邓通跟‘登通’是谐音，如果换成登，那这个名字本身就是登天成仙的意思，太吉利了。”

从此以后，邓通就成了汉文帝跟前的红人。具体到底是不是因为那个梦，邓通才得到了皇帝的宠幸，只有汉文帝自己知道。

邓通这个人还是很低调的，除了游泳，也没什么别的本事。但就因为邓通谨小慎微的性格，汉文帝反而更喜欢他了，不仅升了他的官，还隔三岔五地打赏他。

按理说，这么受宠，这以后的命能差得了吗？答案是差得了……最后的结局主要还是看人品。

话说，当时有个特别善于相面的人貌似看出了端倪。他的话也可以从《史记》中看到。“上使善相者相通，曰：‘当贫饿死。’文帝曰：‘能富通者在我也。何谓贫乎？’”

这段话的意思是汉文帝请了一位相士给邓通相面。这位相士说邓通有朝一日一定会因为贫穷而饿死。汉文帝不信，说：“能让他富贵的就是我，他怎么会穷呢？”

为了以防万一，汉文帝就把四川的铜山赐给了邓通，这样他以后就可以自己铸钱了，相当于赐给邓通一个印钞机。

当时，还有一个政治背景，汉文帝的堂兄吴王刘濞大量铸造钱币，但质地不纯、分量不足，给大汉经济造成了极为不利的影响，于是汉文帝就赐给邓通发行钱币的权力。

邓通他们家很感激皇帝的恩情，所以做的钱币都很实在，分量足，手感好，全国人民都喜欢。一时间大家把他们家铸造的钱称为邓通钱。邓家也因此而变得富比王侯了。

走到这个地步，用现在的话说，邓通对皇帝的感激之情，简直可以说是如滔滔江水，连绵不绝了，怎么报答皇帝呢？

没过多久，机会来了。汉文帝的背上突然长了一个毒疮，御医想尽了各种办法，都没法治好。眼见毒疮恶化，红肿流脓，疼得汉文帝卧床不起，呻吟不止。邓通也急得不行了，每天向上天祈祷。

直到有一天，汉文帝的毒疮突然加重，疼得他一下晕倒在床上。守在汉文帝身边的邓通一看，也顾不上别的了，扑到皇帝的身上，就开始吸毒疮，一股股腥臭的脓水被邓通吸出来了。说也奇怪，邓通吸了几口，汉文帝竟然醒了，而且还感觉好多了。于是接下来的几天，邓通又为汉文帝吸了几次，从此，汉文帝的病大为好转。

汉文帝很感动，就问他："你说，全天下谁最爱我？"邓通说："那自然是太子啊。"

没过一会儿，太子就过来问安了。汉文帝意味深长地看了一眼太子，然后就叫太子吸毒疮。太子倒是也吸了，但一脸的不愿意，汉文帝很不高兴。后来太子知道邓通经常给汉文帝吸毒疮的事，惭愧非常，见了邓通就闹心。

公元前157年，汉文帝驾崩，太子即位，就是后来的汉景帝，邓通从此以后就再也没有好日子过了。

汉景帝先是罢了邓通的官，接着又收回邓通的铜山，后来还抄了邓通的家，说他犯了经济大案，找人清算他的家产，结果所有家产充公之后，邓通还欠了国家好多钱。

汉景帝的姐姐长公主刘嫖实在看不下去了，私自送了邓通一些财物，可随后也被官吏们没收了，邓通头上连根簪子都没留下，最后还死在了别人的家里。

现在想来，如果没有汉文帝的宠幸，邓通也不会一步登天。可如果汉文帝没有逼着太子吸毒疮的话，邓通最后也未必就落得一贫如洗，家破人亡。

用一句话形容邓通的一生就是成也汉文帝，败也汉文帝啊！

10 汉武帝刘彻

殊不知，耳听眼见皆为虚

如果让大家在中华上下五千年的历史当中，挑选出一位最有能力的君王，大家心里可能会有很多答案。但如果提到，在历史上哪位皇帝可以和秦始皇比肩，那就一定是西汉时期拥有雄才大略的皇帝——汉武帝刘彻。

说起汉武帝，在他统治下的西汉王朝还真是繁荣昌盛了起来。可以说政治、军事、经济、文化、外交……都日渐强盛。中国历史上第一位使用年号的皇帝就是他，罢黜百家、独尊儒术的是他，命张骞出使西域、开辟丝绸之路的也是他，打得匈奴到处跑的还是他。

虽然汉武帝居功至伟，但也难保不会做出错误的判断。

汉武帝从小就聪慧过人，再加上长大后当了皇帝，难免有时飘飘然。而臣子们还不是看着皇帝的脸色行事吗？如果皇帝主意已定，臣子们一般也就是说句“吾皇万岁”了事。没人敢劝，如果劝得太狠，还容易有生命危险。

这些背景条件都加到一起，就让汉武帝犯了一个悔恨终身的大错。

这还得从汉武帝特别热衷的一件事说起。汉武帝特别热衷祭祀，他对鬼神有一种超乎寻常的崇拜。按理说，这在古代也无可厚非，一直以来，古代最重要的两件大事就是战争和祭祀。

但是，汉武帝显然有些痴迷了，心情好了要祭祀拜神，心情不好了要祭祀拜神；百姓们安居乐业要祭祀拜神，百姓们遇到灾害也要祭祀拜神。汉武帝的“原则”就是没神仙可拜了，创造神仙也要拜。

既然皇帝喜好这个，所以那时候凡是能和鬼神有些关系的人，貌似都过得很好。

后来出现了一个叫李少君的人，他也有几样本领，据说他会祭灶神，能够不吃饭，永不衰老。汉武帝一听，就把李少君请来，好吃好喝地伺候着。但其实李少君这人没什么本事，原本不过是一个诸侯国的门客，但是他故意隐瞒自己的年龄、籍贯还有生平经历，总是跟别人说他 70 多岁了，能召唤鬼物，长生不老。放到现在，我们用一句话就可以揭穿他的谎言："给我看一下你的身份证。"

李少君还有个长处——善于聊天，经常能说中并猜到人的一些心事、隐秘事，总之李少君就靠着这套把戏，在西汉众多的诸侯国混吃混喝，周围的人听说他有神通，也都送给他一些钱财、衣物。

于是，和李少君不熟的人也开始尊敬他。汉武帝把李少君请来之后，李少君就对他说："祭祀灶神可以召唤神灵，神灵可以把丹砂炼成黄金，用黄金的器具盛放食物就可以延年益寿，长寿了就可以看到神仙，看到神仙之后就可以举行封禅大典，举办完封禅大典就可以长生不老了，当年黄帝就是这样飞升成仙的。"

汉武帝听完点点头，原来这就是修仙的步骤啊，李少君果然是得道高人！后来，李少君病死了。李少君死后，汉武帝还以为他是舍去肉身成仙了，但是他心里也有怀疑，因为李少君成仙的过程好像少了好几步。

汉武帝遇到的最厉害的骗子名叫少翁，是齐国人，正经方术专业毕业生，科班出身的方术士。

少翁也得到了汉武帝的召见。那时候正好赶上汉武帝最宠爱的王夫人死了，少翁见武帝哀思王夫人，就对汉武帝说："我有办法让王夫人的样貌在夜间出现！"

经过一番准备，汉武帝果然有一天在一个帷幕后，远远地好像望见了王夫人。汉武帝很开心，封少翁为文成将军，用宾客之礼接待他，对他恩宠备至。这时候，少翁对汉武帝说："其实想见到神仙一点儿都不难，但前提是您得创造一个适合神仙生活的环境才行，不然神仙不可能出现。"

其实，少翁的想法或许是能拖多长时间就拖多长时间。但汉武帝是个做事干净利落的人，听完马上就命人开始装修，重新粉刷房子，绘上各种神灵的画像，把车子上的漆刮掉，画上祥云之类的图案……这样折腾了一年多，一个神仙都没来。这下汉武帝开始心生不满了。

汉武帝："文成将军，一年多啦，一个神仙都没来，这是什么情况？"

少翁："这个……这个，可能神仙出门了吧。"

汉武帝："出门了？连一个神仙都没见着，我看这不像出门，是裁员了吧？"

少翁："兴许是……留学，对！得过段时间才回来呢。"

汉武帝："留学？多长时间啊？"

少翁："几十年吧。"

汉武帝："几十年？"

少翁："不不不，也就几年。"

为了迎合汉武帝的喜好，少翁的脑袋里嗡的一响，心说："一年多了，招都用完了，个别的招还用了两遍，这可怎么办？"少翁实在没辙了，他就用了一个最土的方法。

首先，在一条缎带上写了一些稀奇古怪的字，并让牛把缎带吞进肚子里，然后他自己假装不知道，等汉武帝来找他的时候，他就对汉武帝说："陛下，这头牛的肚子里面好像有奇特的东西。"汉武帝一听，好奇心大起，

马上命人把这牛给宰了，结果发现牛肚子里有一条缎带，上面写着一些奇特的文字。估计少翁心里美得都不行了，赶紧对汉武帝说：“这条缎带大有来头啊，臣精通外语，给您翻译一下。”

汉武帝一把拦住了：“你等会儿吧，朕瞧着这字太眼熟了。”当下也没发作，找来了相关的人一拷问，都招了。

他们说："是文成将军写的！"汉武帝全明白了，把少翁杀了，而且下令不许把这件事传出去，不为别的，世间能有几人可以做到被骗子骗了一年多，还配合的？说出去太丢人了。

按理说，受了这么多次骗，汉武帝该明白了吧，神魔鬼怪纯粹是无稽之谈，有的时候即便是肉眼见到的所谓神迹，也极有可能只是高明些的骗术。但是汉武帝没有任何悔过的意思，依然保持着对鬼神学说的高度认可。

第二年，汉武帝生了一场大病，太医们想尽办法都治不好。这时候又来了一个大仙，他举荐上郡的一个神巫，说他能治好皇帝的病。于是，汉武帝就把这个神巫请到甘泉宫里供奉起来，问他这病怎么能治好。神巫说了一段话，这段话就记录在《史记》中："天子勿忧病。病少愈，强与我会甘泉。"

神巫说的话是什么意思呢？他对皇帝说的是，陛下不用为生病发愁，等您的病情稍好点了，请振作精神来甘泉宫与我会面。

结果，等皇帝的病好些了，就打起精神，动身前往甘泉宫，病果然就好了。这一下让汉武帝更加相信这些方术了。

这之后还有许多方术士得到过汉武帝的召见和宠爱，翻看《史记·孝武本纪》，你会发现，里面写的几乎都是汉武帝拜神、寻神、求神的事，政绩占的篇幅少之又少。

史官记述帝王的主要内容通常都是帝王的政绩，但关于汉武帝的这一篇却显得非常独特，也许这里面有些司马迁个人观点和感情的介入，但我相信汉武帝的确是比较迷信鬼神的。在汉武帝的知识体系里，他也许看到过一些自己解释不了的事情，又或者某些根深蒂固、约定俗成的意识局限了他的思维，于是在这种近乎痴迷的追逐中，他等来了自己人生中不可思议的后果。

事件最初的起因是丞相公孙贺的儿子公孙敬声，擅自动用军费一千九百万钱，后来事情败露，被逮捕入狱的事。当时，正好汉武帝下诏通缉阳陵人侠朱安世，公孙贺就派人把这位大侠给拿下了，想要用这样的方式为儿子将功赎罪。

可朱安世被关进了狱中之后并不老实，他在狱中上书，声称公孙敬声和阳石公主私通，而且他们还在专供皇帝走的道路下埋小木头人，诅咒汉武帝。

汉武帝一听，大为震怒。于是，公孙贺被满门抄斩，祸及九族。之后，阳石公主、诸邑公主，以及卫青的儿子长平侯卫伉相继受到牵连，被杀。

可事情到这还没完，由于汉武帝一直热衷鬼神之说，所以当时的首都长安城里总徘徊着一些跳大神的。他们经常用一些邪术蛊惑老百姓，其中的一些人就教会宫中女子一个消灾避难的方法——扎小人，把木头小人埋在地里，然后祭祀一番。

宫里的女子趁着皇帝查公孙贺父子俩扎小人的案子，也开始互相告发："又有人扎小人诅咒陛下啦！"

汉武帝知道以后很生气，居然有这么多人都在诅咒朕，心太坏了，朕现在能活着简直就是个奇迹！于是，派人把相关的人又都抓起来，审讯、拷问、处死，连宫女、后宫嫔妃，带大臣又死了好几百人。估计审讯的人们也要疯了，审问谁都能牵连出好几口人来。大家互相揭发的风气就像一股潮水一样，一发不可收拾。

脑洞剧场

审讯人员："说吧，都有谁参与这次诅咒啦？"

嫌疑人："有小赵、小钱、小孙、小李、小周、小吴、小郑、小王。"

审讯人员："我让你背百家姓了吗？快说，还有谁？"

嫌疑人马上指着身边一个闪过的"黑影"说："还有他！"

"黑影"的脸都要气白了："我路过的。你认识我吗？"

上面这段是编的，总之人们互相告发，次数多了以后，汉武帝的疑心是越来越重了，老觉得有人要害自己。

话说，他有一次白天小睡，做了个噩梦，梦里有好几千个木头人手持棍棒要行刺他。他霍然惊醒，从此以后，身体一天不如一天，精神恍惚，记忆力减退。

这时，汉武帝手底下的一位宠臣江充冒了出来，他平时跟太子刘据和卫皇后关系很不好。江充看汉武帝身体不行了，害怕有朝一日汉武帝驾崩了，自己会很危险。

于是，江充就想趁机陷害太子。他对皇帝说："您得这个病，肯定是有人在诅咒您，我去给您查查吧。"

汉武帝同意了，让江充成立了"专案组"。这一来，卫皇后和太子的住处就出事了，江充事先准备好了小木头人，想陷害谁就陷害谁，查一个是一个。

当时汉武帝不在长安，在甘泉宫养病，太子留守在长安，他知道这是江充想害他，于是派人先捉拿江充。可这时候江充的同伙，有一个叫苏文的太监，率先跑皇帝那告状去了，说："太子可能是要反了。"

汉武帝不信，毕竟是自己的亲儿子，于是派使者去查。使者也不敢去，假装出去一趟，回来就说："太子确实是反了。"

汉武帝一怒之下，派兵前去长安镇压，打败了太子临时组建的民兵之后，不久又发现了太子的躲藏之地，于是太子最后被逼自杀。这一段在史上被称为"巫蛊之祸"，前前后后死伤了数万人，这其中还包括太子和他的儿女。

可时间长了以后，真相总会慢慢地浮出水面。

人们渐渐知道，巫蛊之事多数都是假的，而这时候汉武帝也明白了，太子从来就没有谋反的意思，一切都是自己一厢情愿的看法。但后悔已经来不及了，晚年丧子的汉武帝，命人修建了一座宫殿，取名叫"思子宫"，接着又造了一座高台，叫"归来望思之台"，借以寄托他对太子刘据的思念之情。

汉武帝这样拥有雄才大略的皇帝，终因为鬼神之说，以及身边小人的谗言，付出了惨重的代价。

在历史上，有多少人打着所谓正义的大旗，伤害着自己的亲人和自己，英明神武的汉武帝亦如此，真是可悲，可叹啊！

11 李陵

被身份束缚的判断

在史书当中，我们可以认识各种各样的人，有拯救国家于危难的铮铮硬汉，也有阴险毒辣的奸佞小人；有豪情万丈的热血狂徒，也有忠勇无双的百战之将。这些人的品格在史官的记录中都很好区分，是黑是白，是好是坏，一眼能见分晓。但有时，事情的是非曲直没有那么简单明了。

历史上，有一员勇猛的武将，他不仅身怀绝技，善于骑射，还体恤下士，谦和有加。他出身武将世家，他的爷爷就是当年威震匈奴的飞将军李广。而他的身上还有另一个标签，汉朝的“叛将”，一个充满着各种矛盾色彩的叛将。

这个人就是西汉时期的将领、文学家——李陵。

众多史学家和历史名人给这位叛将身上加上了忠义的评价。唐太宗李世民曾经这样评价他："李陵以步卒五千绝漠，然卒降匈奴，其功尚得书竹帛。"

这是为什么呢？

这就不得不提李陵的成名之战——浚稽山之战。在这次战斗中，出现的主要人物有三个，分别是汉武帝刘彻、司马迁、李陵。奇怪的是，他们三个都自以为做了对的事情，可是三件对的事情加在一起却促成了他们都不愿意看到的结局。

当时的局势对汉朝比较乐观，因为他们刚刚攻破了大宛。于是，汉武帝想要乘胜追击，派将军李广利率领三万骑兵，继续对匈奴施压。此时的汉武帝想到了名将之后李陵，于是他召见了李陵，想要他带一队人马为主力大军押送粮草。

脑洞剧场

汉武帝："爱卿，朕最近有批货想让你去打理一下。"

李陵："陛下，请问是什么货？"

汉武帝："主要就是粮草和装备。"

李陵："陛下，您不就是想让我'送快递'吗？说吧，省外还是省内？"

汉武帝："这个有区别吗？"

李陵："当然，省外快递费比省内的贵！"

上面这段是我编的，真实的情况是这样的。汉武帝的确是想让李陵承担运输任务，但是李陵没同意。他的理由是他的手下都是荆楚之地的勇士、剑客，百发百中，力可擒虎，用来运送物资，有些大材小用。所以李陵提议，应该让如此出色的士兵奔赴前线，进行战斗。李陵愿意领一支军队去分散匈奴的兵力。

汉武帝点点头说道："先前李广利出征，朕已经派出去很多兵马了，可没有马再分给你了。"谁知道李陵淡淡地说："没有马不要紧，臣愿意带五千步兵，直捣匈奴单于的大本营。"

总之，最后汉武帝同意了李陵的建议，并且很赏识李陵的勇气。于是就下了一道命令，派老将强弩都尉路博德率军在半路接应李陵的军队。可是当时的李陵在军中地位不是很高，路博德作为一位老将军，比李陵就强多了。路博德觉得很没面子，又不好直接拒绝，于是给汉武帝写了一份奏折，说："陛下，您看现在是秋天，匈奴的马正肥，不如还是等到春天的时候，我和李陵再出发，到时必定能够胜利。"

汉武帝那边一听就怒了，他以为是李陵打算反悔不想去了，才让路博德给自己上书。汉武帝怎么能允许手下哄骗自己呢？于是驳回了路博德的请求，并且命令李陵马上出发。

按照汉武帝的命令，李陵带兵来到了浚稽山。本来李陵这次出兵的目的是分散匈奴的注意力，从而让李广利率领的主力军压力小一点，如果足够幸运的话，李陵根本就碰不到敌军，还可以试着骚扰一下敌人的大本营。可是令人意想不到的是，仅仅带着五千步兵的李陵，面对的却是匈奴的主力军，足足有三万人。

面对敌军的三万人马，李陵和手下的五千步兵毫无惧色。李陵先把军队驻扎在两山之间，他们以兵车作为营垒，而李陵更是亲自领兵冲出营垒、摆开阵势，前排的士兵双手紧握长戟和盾牌，后排的士兵拉满弓弩。"来吧！让你们见识见识，什么叫大汉天威！"

匈奴眼见汉军人少，信心满满地一拥而上，准备直接击垮汉军的营垒。可眼前的汉军却仿佛像铁铸的城墙一样，难以撼动。

在李陵的指挥下，荆楚勇士们发挥出了非凡的能力，而匈奴的士兵只能眼睁睁地看着身边的战友在汉军弓弩的齐射中一个个倒下，耳边响着的是弓箭上的羽毛撕裂空气的声音，除此之外，就是匈奴士兵中箭后的嘶吼。

就这样，足足三万人的匈奴主力军，让李陵的五千汉军杀了一个措手不及。匈奴军败退而走，可汉军还紧咬不放，又追杀了数千匈奴士兵。匈奴单于震惊了，他以为自己一定是碰上了汉军的主力。

仗还没有打完。被李陵军队震慑住的单于没有常人那么脆弱，单于马上又在周围的领地召集了八万骑兵，想要把这支汉军彻底消灭。

敌军数量太多，李陵他们这次硬拼肯定是不行了，只能一边战斗，一边撤退。就这样边打边退，李陵的军队向南行走了数日，到达了一个山谷。

连日的战斗虽然使匈奴军队损失惨重，但是李陵这边也不能说毫发无伤，许多士兵都中箭受伤了。李陵下令，凡是身上有三处以上伤口的，就用车载，受伤两处的就去驾车，受伤一处的，继续参加战斗。第二天再战，果然又灭掉了匈奴三千人马。

“给我接着追！”匈奴单于又惊又气，一声令下，一帮人就接着追。李陵这边带着人往东南方向突围，大概又走了四五天的时间，李陵的军队终于被一大片沼泽芦苇拦住了去路。

脑洞剧场

匈奴单于：“哈哈哈！李陵，你跑得倒快！你倒是跑啊！我可是有堂堂十万骑兵呢！”

士兵甲：“大王，现在没那么多了。”

匈奴单于：“你再好好算算，我要详细数字。”

士兵甲：“成！”

匈奴单于：“到时候算出来的数减去一。”

士兵甲：“那是为什么啊？”

匈奴单于：“因为你，我也不要了。”

上面这段是我编的。但史书上记载，当时李陵的军队的确是被困住了。而且匈奴军队为了消灭他们，还纵火烧他们。但这根本难不倒李陵，只见李将军开始从容地指挥将士们跟着一起放火。将士们都蒙了，不对啊，我们帮人家放火，这不死得更快了吗？

但其实李陵的手段相当科学，而且最后还真就因为放了一把火，才摆脱了危机。事后将士们都以为李陵是神仙，只有李陵每天不停地给大家普及知识：“跟我念，隔火带。”

士兵们齐声应和：“隔火带。”

总之，以火攻火，李陵带着军队又逃到了一座山上。可谁知道，匈奴单于早就带兵在南面的山头等着他呢。他没有留给李陵准备的时间，马上命匈奴骑兵发动攻击。于是，两军在树林之间开始厮杀，一番较量之后，匈奴兵又死伤数千人。

李陵那边还抓了匈奴的俘虏。这个俘虏特别老实，把匈奴的想法和盘托出。

脑洞剧场

李陵：“匈奴那边都说了些什么？”

匈奴俘虏：“他们说你们是汉朝的精兵，不好打。你们老带着我们往南跑，怕你们有伏兵。”

李陵：“那为什么你们还不走？”

匈奴俘虏：“他们说数万骑兵打不过几十人没面子。他们怕以后你们更轻视我们了。”

李陵：“就这些了？”

匈奴俘虏：“他们还说，再打打，打不过再跑。”

上面这段基本符合史书上记载的内容。匈奴那边定的战略，大体意思就是如果再打不过就撤退。

不得不说，这样一来让李陵的处境更加危险了，本来人数就少于对手，而且一天还要战斗几十个回合，战士们基本都带伤了。可就在这样的情况下，李陵他们还是干掉了匈奴军队两千多人。

本来在这次战斗后，匈奴军就打算撤，可就在这时候出了一件事。李陵的军队里面出现了一个叛徒，此人名叫管敢，他因为在军中被校尉凌辱，于是投降了匈奴。这回，单于可算是知道李陵的老底了。原来李陵非但没有援兵，连弓箭也都快用完了，真正投入战斗的只有一千六百人左右。

匈奴单于听到这儿，不禁自责：“太丢人了……”

不过，匈奴单于既然已经知道了李陵的真实情况，就没有什么好犹豫的了，马上下令所有骑兵合力攻打李陵的军队。

李陵的军队艰难地抵抗着匈奴的猛烈攻势，一天之中仅存的五十万支箭已经全部用光，战士们人人带伤，有些人甚至连兵器都没有了。此时此刻，李陵想到，这场战役应该是他人生的最后一战了；此时此刻，士兵们也想到，这场战役是自己人生的最后一战了。但是没有人退缩，没有人软弱。

五千人对阵十万人的战斗，打到这个地步，对军人来说，无疑已经是一枚光荣的勋章。战争毫无悬念地结束了，近五千人的军队，最后只有四百多人逃回了汉朝。

以少胜多的旷世之战，英勇无畏的铁血男儿，只可惜，李陵没有赢的可能，他被迫投降了……

无论是按照李陵的家风，还是按照李陵的个性，我都相信，李陵的投降是权宜之计，只要有机会他一定会逃回祖国。可惜面对此情此景，在汉武帝的身边无数想向皇帝表忠心的臣子，已经把李陵骂得狗血淋头了。只有司马迁站出来为李陵说话。这段话就记录在《汉书》里。

“今举事一不幸，全躯保妻子之臣随而媒糵其短，诚可痛也！且陵提步卒不满五千，深輮戎马之地，抑数万

辩手李陵
我对!!!
我对!!!
辩手汉武帝
我对!!
辩手司马迁

之师，虏救死扶伤不暇，悉举引弓之民共攻围之。转斗千里，矢尽道穷，士张空拳，冒白刃，北首争死敌，得人之死力，虽古名将不过也。身虽陷败，然其所摧败亦足暴於天下。彼之不死，宜欲得当以报汉也。”

上段话大概的意思是说，如今李陵一次战败，那些为保全身家性命的人便不遗余力地攻击他，实在让人痛心！况且李陵手中的士兵不满五千人，又深入匈奴腹地，搏杀数万的匈奴人，敌人被打死、打伤不计其数。转战千里，战士们还能以死效命，就算是古代名将也不过如此。如今李陵之所以不死，是想立功赎罪，报效朝廷。

可是司马迁说完这段话的结局就是被汉武帝执行了宫刑。而李陵的家人最后也没能幸免于难，被汉武帝满门抄斩。

李陵万万想不到，朝廷会作出这样的决定。自诩为忠义之将的自己，最后却成了一名叛将。人生是何等讽刺！

李陵兵败被俘，因此而受牵连的人也很多，应该把责任推给谁呢？这个问题，我想了很久，后来发现居然是无解的。

因为故事的三个主要成员都没有错：李陵诈降匈奴，

想日后有机会继续立功报效国家，没有错；司马迁仗义执言，客观评价，没有错；而汉武帝为将领投降而愤慨也是人之常情。没有任何一个皇帝会允许自己的将领投降其他的国家，任何理由都不可以，试图为那些叛将辩护的人同样不能被容忍。

虽然汉武帝知道，李陵的失败与自己没有派援军有关，虽然汉武帝也后悔，但他作为领导者，他的后悔也不能表现出来。

没办法，不同的位置决定着人不同的思维方式。谁对谁错呢？这个世界上本来就没有绝对的对和错，我只能说，最后的结局错了……

12 司马迁

《报任安书》论生死，笔尖春秋言大义

对于一个人来说，最大的事情可能就是生死。活着的人能活出什么质量，大家各不相同，有些像在风中绽放的花朵，有些像在秋天飘零的落叶。

即便是死，也有轻于鸿毛和重于泰山的分别。

“人固有一死，或重于泰山，或轻于鸿毛，用之所趋异也。”这句话是谁说的？这是司马迁在一封信中说的，这封信就是《报任安书》。

能说出这样的话来，这个人的一生该是如何的轰轰烈烈，豪情万丈呢？而答案却让人大跌眼镜。

唯唯诺诺，胆小怕事，这是世人对司马迁的印象，

为什么会形成这样的反差呢？所有的答案都在司马迁写的信中。

《报任安书》是司马迁写给任安的回信。任安是谁？

他是司马迁的好友，并且与司马迁同朝为官。他曾是西汉名将卫青的门客，在卫青家里做事，卫青管吃、管住、管消费。后来卫青把他举荐给了朝廷，就这样，任安一步一步官至北军使者护军，监理京城禁卫军，这已经是高级军官了。可谁也没想到，之后会发生巫蛊之祸，太子刘据发兵，攻打起了丞相府。关键是太子还命令任安发兵，可任安按兵不动。在太子发动的叛乱被平定后，汉武帝觉得任安很不厚道，他不就是想坐观成败吗？有不忠之心，所以论罪腰斩。

就在这件事发生之前，任安曾写信给司马迁，希望他能为国家多推荐真正贤能的人。直到任安入狱行刑前，司马迁才给他写了这封回信，告诉任安自己为什么没有那么做。

信的开篇就点出了司马迁的苦衷："太史公牛马走司马迁，再拜言。"

这句话无非就是一封信的开始语，相当于打招呼。“再拜言”表示对任安的尊敬。可前面半句就有点儿意思了，看起来像是司马迁对自己的评价。句中提到了太史公这个称呼，可这并不是自称，没有哪个古人写信会自称公的，那相当于在信的开头就自称大爷。

对此，我认同国学大师钱穆先生的理解，他说《史记》的原名叫《太史公》，也就是说，司马迁认为自己是一个为了写《史记》，像牛马一样活着的人。所以当我们打开这封信的时候，完全体会不到写信的这位就是被后世尊为历史之父的司马迁。

信的开篇大意是这样的。

之前承蒙您给我写信，教导我用谨慎的态度待人接物，以推举贤能、引荐人才为己任，情意十分恳切诚挚，好像抱怨我没有遵从您的教诲，总是追随那些世俗人的意见。我不敢这样做，我虽然平庸无能，但也曾经听闻前辈们遗留下来的气节和精神。只是我的身体已遭受摧残，又处于污浊的环境之中，每有行动便会受到指责，想要推进一些事情，结果反而让自己遭到迫害，因此我独自忧闷，却不能向人诉说。俗话说：“为谁去做，叫谁来听？”钟子期死了，伯牙便一辈子不再弹琴，这是为什么呢？有才能的人希望被了解自己的人所用，女子为爱自己的人而打扮。像我这样的人，身躯已经残缺，即使才能像随侯珠、和氏璧那样稀有，品行像许由、伯夷那样高尚，终究不能把这些当作光荣，大概只会招人耻笑，自取其辱吧。

很难想象，这段话是那个用文章就能书写万卷豪情的司马迁所写。显然，此时的他已经自卑到快把脸贴到地上了。信中多次提及，他的身体已经残缺。当时的司马迁被执行了宫刑，于是一个热血男儿，就这样变成了一个不伦不类的“宦官”，身体和心灵都饱受摧残。

所以司马迁在信中说，“故祸莫憯于欲利，悲莫痛于伤心，行莫丑于辱先，诟莫大于宫刑。刑余之人，无所比数，非一世也，所从来远矣。”

这段话的意思是没有什么灾祸比贪图私利更凄惨，没有什么悲哀比心灵受伤更可悲，没有什么行为比使先人受辱这件事更加丑恶，也没有什么耻辱比遭受宫刑更加严重了。一个受过宫刑的人，他的余生，就不要谈社会地位了，不仅仅是现在如此，这种情况自古以来就存在，即便是孔子，也觉得与宦官坐同一辆车是一种耻辱，事到如今，我还能做什么呢？

为什么司马迁不在行刑前了结自己的生命呢？司马迁周围的朋友没有人能理解，死亡至少可以让人免受侮辱，以完整的身躯保住气节。

为什么不在行刑前了结自己的生命呢？恐怕司马迁也无数次地问过自己。

因为他发现，自己有一个必须活下去的理由。

司马迁，这个名字在史学界是伟大和荣耀的象征。可回顾司马迁的一生，却看不到有多光鲜。我们想要深入了解《报任安书》这封信中背后的故事，就一定要说说司马迁这个人。

话说，司马迁出生于黄河龙门的一个小康之家。司马迁的祖父司马喜高瞻远瞩，果断地用四千石粟米换取了一个第九等的“五大夫”爵位。

在汉初，选拔官员一般只有两种途径，要么是有人举荐，要么就是朝廷主动征召。直到汉文帝时，有了新的政策——“入粟米受爵位以实边卒”，只要给朝廷缴纳一定的粮食，就能换个爵位。不过，在汉文帝时期，“五大夫”虽然在民爵算高，但也就只能让全家免于徭役。估计司马迁的祖父司马喜觉得这已经很赚了，因为免去徭役，就可以专心务农，专心务农就可以多囤粮食，到时候还可以再买点别的。

不过，免去徭役的确有很多好处，至少这让儿子司马谈和孙子司马迁有了更多的时间读书。后来，司马谈做了太史令，司马迁也因为父亲的缘故，有机会出仕为官。

可是，摆在司马迁眼前的道路并不顺利，或者确切地说，那简直就是灾难。这场灾难与别人打的一场败仗有关。

公元前 99 年，西汉名将李广的孙子李陵带着不到五千士兵，直击匈奴的军事要地。然而，李陵中途便遇到了匈奴单于的军队，先是打了胜仗，可之后因为匈奴兵越聚越多，汉朝的援兵又迟迟不来，李陵手下的士兵死伤惨重。最终，因寡不敌众，李陵所率领的军队近乎全军覆没，李陵本人也被迫投降。

这时的司马迁和李陵并不相熟，可按照司马迁对李陵的观察，他觉得李陵很有可能是假投降，他还会回来的。于是，在面圣的时候，司马迁就替这个从来没有往来的“叛将”李陵说了几句公道话。

但他没想到，自己居然会因此获罪。

司马迁很委屈，他在信中提到了这件影响着他一生命运的事情，当然还写到了大祸降临之后，内心的悲苦与无奈。

信中说道：“我可能没有完全说清楚我的意思，圣明的君主也不曾深入了解，便把我交付给狱官论罪处罚了。直到最后，忠诚的心都没有一个陈述和申辩的机会，就这样被判了诬上的罪名。我家境贫寒，微薄的财产根本不足以拿来替我赎罪，曾经的朋友没有人敢出面营救，而皇帝左右的亲近大臣也不肯替我说一句话。我又不是木头石块做的，就只能让这血肉之躯被关在深深的牢狱之中，我向谁去诉说内心的痛苦呢？”

司马迁不能倒下，即使现在他甚至已经不算是一个完整的人，也必须活下去，因为他有一个必须活着的理由……

公元前110年的春天，汉武帝东巡渤海，在返回的路上想在泰山举行封禅大典。而作为参与制定封禅礼仪官员的司马谈却因病留滞在洛阳，无法继续前行，心中满是不甘。

对于把见证和记录历史当作自己信仰的司马谈来说，人生简直太残酷了。在忧闷中，司马谈的病情愈发严重。

弥留之际的司马谈，没有对司马迁说“照顾好你的母亲”“照顾好你自己”“不要为爹难过”等这些话语，反而对他说了一个梦想，司马谈一直以来的梦想：“孩子，我们的祖先在周朝便是太史，我死以后，你继任太史，这样正好可以延续我们祖先的事业了……从鲁哀公到现在，已经四百多年，其间由于诸侯混战，史书散佚，记载中断。如今汉朝兴起，海内统一，这里有贤明的君主和忠义的臣子，可他们的事迹，我却再也不能用自己的手去书写了，我为此感到很不安……孩子，国家的历史不能中断！多少先辈用生命和鲜血去捍卫的东西不能中断！如果我们不记录下来，后人又如何知道，有些东西远比生命重要。”

史书记载，司马迁最后低着头，流着眼泪对他的父亲说：“孩儿虽然不聪明，但一定要完成父亲编写历史的遗愿！”

所以，在《报任安书》中，你就会看到本篇开头提到的那句话：“假令仆伏法受诛，若九牛亡一毛，与蝼蚁何以异……人固有一死，或重于泰山，或轻于鸿毛，用之所趋异也。”

这是一大段话，我只取了中间的两句，我觉得这两句最能反映当时司马迁的真实想法，这两句话的意思是这样的。

假如我伏法被杀，那就好像很多牛身上掉的一根毛，跟蝼蚁又有什么区别呢？世人又不会拿我的死与能殉节的人相提并论，只会认为我是因为无能，罪大恶极，不能免于死刑，才不得不死！人本来就有一死，但有的人死得比泰山还重，有的人死得却比羽毛还轻，因为他们所追求的目标不同!

对于司马迁而言，死很容易，活着却需要更大的勇气。

汉宣帝时期，司马迁的后代把已经成书的《史记》献了出来，一本伟大的历史巨著终于从布满尘土和荆棘的迷雾中走了出来……

冥冥中，司马迁也许会在心里对父亲说一句："父亲，您的心愿，孩儿完成了！"

13 张骞

倒霉蛋的逆袭之路

现在的人们经常说一句话：人的一生至少要有两次冲动，一次是奋不顾身的爱情，一次是说走就走的旅行。

历史上能兼顾爱情和旅行的人物，张骞绝对算一个。按理说，这样的人绝对是幸运儿，可事实恰好相反。

张骞是一个很倒霉的人。他人生的奋斗过程，就是跟自己的霉运抗争的过程。谁也不会想到，出使西域、开通丝绸之路的博望侯张骞，他的成功不是因为他太幸运，而是因为他太倒霉。

张骞所奋斗的时代就不是很理想——汉武帝时期。适逢汉朝鼎盛之期，汉武帝难以抑制彰显汉朝天威的想法，对周边的小国充满征服欲和好奇心。于是张骞就有了后来漫长的故事。

张骞为了自己的未来和理想，每天挠着头想职业规划，想来想去终于明白了一个道理，哪里都不好混……张骞发愁：“怎么办呢？写文章我凑合，练武术我一般，朝堂上人才济济，哪里有我的容身之地？难道我张骞这辈子注定是封侯的心，路人的命吗？”

张骞当时的官职是郎官，类似于汉武帝身边的侍从。一般来说，给皇帝当侍从，出人头地的机会还是比较多的，只要有上进心，不至于毫无起色。但是张骞很惨，主要是职业前景惨。

就在张骞马上要转型忧郁男孩的时候，投降的匈奴人带来了一个重要的消息，最近匈奴攻破了月氏国，匈奴人不但在那里抢粮食、抢钱、抢女人，匈奴单于居然还用月氏国国王的头颅当作酒器，盛酒喝。月氏国的百姓因此怨声载道，对匈奴人恨得牙痒痒，只想找一个合作伙伴，一起攻打匈奴。

汉武帝知道这个消息之后，非常开心，正想怎么灭了匈奴呢，居然就来了这么个好消息。那么问题也来了，怎么能和月氏国联络上呢？这个问题就记录在《史记》里面：“汉方欲事灭胡，闻此言，因欲通使，道必更匈奴中，乃募能使者。”

汉朝想和月氏国联手灭掉匈奴，就得先找人接头。换句话说，要先让月氏国那边知道汉朝的合作意向，那就得派使者去。可问题是从汉朝的国土走到月氏国，必须要经过匈奴的境内，这个就有点难度了。汉朝想与月氏国建立外交关系，必须得找个能人，能够巧妙地穿过匈奴的领地，出使月氏国。

这时候，胸怀大志的张骞主动报名了，说：“陛下，我去吧。”

汉武帝迅速回道：“好！准了！”

就这样，张骞带着一个名叫甘父的匈奴奴隶做副手，和手底下的一百多人踏上了前往月氏国的旅程。

我们知道，途中要经过匈奴，这一群人走得应该是很小心了，估计他们每天都要开会，不变的议题是“如何不被匈奴人俘虏”。

这一天，大家又开始讨论了，你一言我一语，聊得甚是开心，但总感觉哪里不对。只见张骞拍着大腿说：

“我终于知道是哪里不对了，咱们人数变多了啊！”大家环顾四周才发现，原来参与此次“愉快”讨论的还有许多匈奴人……他们早就被包围了。在讨论“如何不让匈奴人俘虏”的会议中，张骞一伙人就这样被匈奴人俘虏了。

匈奴人的最高领导人是单于。张骞他们是死是活，是留是放，全看单于的心情和张骞的运气了。

不过这回张骞的运气还真是好了一下，当单于看到张骞的时候，并没有马上动杀机，而是平易近人地提了一个问题。

脑洞剧场

单于：“你们这是上哪儿去？”

张骞：“我们此行是去月氏国。”

单于：“你们去月氏国干什么？”

张骞：“在下从东土大汉而来，去往月氏国，旅游。”

单于：“那你们怎么不来匈奴国旅游，非要去月氏国旅游？”

张骞：“实不相瞒，是向导逼我们去的。”

单于点点头，说了句：“无良的向导！”然后命手下把所有人都扣下了。

不过总算活了下来，也算运气不错，张骞悬着的心才放下来，扣留就扣留吧，可他没想到，这一扣就是十多年。

在这十多年里，张骞不仅在匈奴人的安排下结了婚，还有了孩子。张骞一刻都没有放弃自己的使命，汉武帝赐给他的符节，他一直保存着。这个符节就相当于一个身份的凭证，他唯一的精神支柱就是这个符节了，每每看到，就让他想到那未完成的任务——他要出使月氏国，完成结盟，最后灭掉匈奴。

功夫不负有心人，机会终于来了。《史记》里记载："居匈奴中，益宽，骞因与其属亡乡月氏，西走数十日至大宛。"

张骞已经被扣押十多年了，匈奴人也不能天天盯着他，何况他们还有其他的事情呢。于是，他们对张骞一伙人的看管越来越松懈……

这要不逃跑，未免浪费了天赐的良机！不过，历史上并没有详细记载张骞他们是借什么机会跑的，反正是跑了。他心中想着那还未完成的任务，带着手下们往月氏国的方向跑，向西走了几十天，来到了大宛国。大宛国王听说张骞等人来自汉朝，那是相当热情。

脑洞剧场

大宛国王：“早就听说贵国物产丰富。一直想和贵国建交，苦于没有机会，不知你们此行的目的是什么。”

张骞：“大王，我本来是被皇帝派来建交的，只是中途被匈奴阻拦。”

大宛国王：“被匈奴阻拦？这是哪天的事啊？”

张骞：“十多年前的事……总之，希望您能派人送我们到月氏国。”

大宛国王忽然神色凝重起来：“不是我不想帮你，实在是……”

张骞：“如果我能到达月氏国，再返回汉朝，那么我的国家一定会给您数不尽的财物。”

只见大宛国王马上正色道：“这个忙，我一定要帮！我可不是为了你们的钱！”

于是，大宛国王就为张骞等人配了向导和翻译，让他们继续赶路。有了翻译和向导，之后的旅程就顺利多了，没多久他们就到达了最终的目的地——月氏国。

我们前文交代过，匈奴曾经用月氏国王的头做成酒器来盛酒喝，然后月氏国就举国西迁了，他们找了一块土地肥沃、物产富饶的地方安顿下来。等到张骞来的时候，月氏国在新的领地已经住了十多年了。

和月氏国结盟的事情不能忘，毕竟还要灭匈奴。所以张骞赶紧去拜见月氏国的新国王，也就是老月氏国王的儿子，在说明来意之后，张骞被国王无情地拒绝了。就这样，张骞在月氏国足足住了一年，他也被拒绝了一年。没别的办法，回国吧！

吸取了上一次的教训，大家一致认为，想顺利通过匈奴的地盘是一件极不可能的事情，所以最后决定绕道而行。

这次他们是沿着南面的大山往东走，想通过羌人住的地方回到长安。这个计划应该是天衣无缝了，每个人的脸上都洋溢着幸福，毕竟要回家了，所谓的归心似箭，也就是这样。

但大家总感觉哪里不对，却又说不上来，也没多想，一路还是说说笑笑。又走了一段路，张骞终于憋不住了，一拍大腿就喊：“我终于知道哪儿不对了，人又多了！”

原来，在他们赶路的时候，又出现了一帮匈奴人把

他们围住了。一打听才知道，他们绕道的这个地区也被匈奴控制了。所以，张骞一伙又灰溜溜地被匈奴人带走了。

张骞想不透，每次做决定之前，他都集思广益，开大会，制订出完美的计划，怎么还是被匈奴扣留了呢？叹了口气：“背运不能怨社会，倒霉切忌乱开会！”

不过，这回张骞运气也还不错，一年多之后，匈奴发生了内乱，于是张骞就带着自己的匈奴妻子和甘父一起逃走了。这下总算是回到了汉朝。

回想当年，张骞怀着满腔的热血，为了联合月氏国共同灭匈奴，带着一百多人出使西域，没想到回来的时候却只剩下他和甘父两个人，其中的艰辛又如何诉说呢？

在这之后，张骞第二次出使西域，他所做的这些努力，无疑为丝绸之路的开辟做出了巨大的贡献。再后来，张骞就被汉武帝封为博望侯，能够封侯拜相，已经到达人生巅峰。

由于张骞为人坚毅果敢，待人宽厚，讲究诚信，后来张骞在西域的名声很大，无人不知博望侯。从此以后，当有人再出使西域，也都自称是博望侯，以此来博得西域民族的信任。

说完了张骞，大家可能会有这样的印象，这个张骞也太倒霉了，简直是倒霉到家了。但其实一个人幸运与否，有的时候取决于看待事物的角度。

有人觉得张骞生不逢时，朝堂竞争对手太多，想成功封侯太难，但这或许恰恰帮助张骞更快找到了自己的出路。有人可能觉得张骞出使西域屡屡被抓，简直太倒霉了，可是他不但幸运地活了下来，而且深入地了解了西域各民族的生活，积累了阅历。虽然他的西行之路异常坎坷、漫长，但是他用生命为后人走出来一条丝绸之路。

如此倒霉的他，为什么最后还是成功了？因为他的坚持，因为他始终都没有放弃。对，只要不放弃，一切就都还有希望！

14 东方朔

相声的鼻祖

相声讲究四门功课：说、学、逗、唱。

相声是一个有着悠久历史的艺术表演形式，要问它的历史到底有多久，最早可以追溯到汉武帝时期。

每个行业都有自己的祖师爷，而相声的祖师爷就是西汉时期的东方朔。

话说，东方朔无论如何也不可能想到，自己有一天会成为某个行业的祖师爷，而且还是相声的祖师爷，他甚至都不知道什么是相声。

按照古代的标准，类似相声这样的表演形式，应该属于俳优的表演范畴。古代演滑稽戏、杂耍的艺人都叫俳优。东方朔这辈子一直努力做的事情，就是不想让汉武帝把自己看成俳优。但后世人依旧把他看作相声的祖师爷，这无疑证明，东方朔所有的努力貌似都白费了。

不过这倒也不能全怪后人，因为伴随着他一生的故事，本身就像是一段相声。

东方朔，出生于平原郡厌次县，也就是现在的山东省德州市陵县，本姓张，字曼倩，连起来读，张曼倩……他父母这一胎可能是想要个女孩儿。

如果有人说东方曼倩的故事，那说的也是东方朔。

翻看东方朔的履历，基本可以确定，如果东方朔生在现代，也一定是个话题人物。

就拿他的应聘说起吧。传说汉武帝即位不久，他便面向全国发招聘启事，只要是有才能的人，都可以推荐，也可以自荐，达到标准的，就会被破格提拔任用。

那时候还没有科举，想挖掘人才，也就只有这种办法。毕竟皇帝也不能到大街上到处找人才。

汉武帝这个招聘启事一发出去，一时间，四方名士开始纷纷上书。上书里写什么呢？这有点儿像简历，先把自己介绍一下，然后针对国家政事品评一番，展现一下自己的才能。简历被投递后，皇帝要看，不合格也会通知他们。

东方朔到长安之后，也投了简历，里面的内容写得很详细，先打感情牌，说自己从小失去了父母，是哥哥嫂子带大的。接着就开始夸奖自己，说自己十三岁开始读书，三年学会了文书和记事；十五岁学击剑；十六岁学习《诗经》《尚书》，背诵了二十二万字；十九岁学习兵法，又背诵了二十二万字，总共背诵了四十四万字，还经常复习儒家子路的言论。我今年二十二岁，身高九尺三寸。换算一下，现代 23 厘米等于汉代的一尺，东方朔身高有 2.1 米。

不仅如此，他还说自己的眼睛像挂着的珍珠那样明亮，牙齿像编成串儿的贝壳一样整齐洁白，而且还很勇猛、很敏捷、很廉洁、很守信。

汉武帝拿着东方朔的简历点点头，觉得这是个奇人，最起码他很自信啊！于是就把东方朔安排到了公车署等待召见。公车署的人没有正式俸禄，但是享有一点儿生活补贴。

就这样，空有一身抱负，自认为满腹经纶的东方朔，开始了在公车府拿“低保”的生活。

过了很长一段时间，东方朔都见不到皇上，直到他真是有点儿忍不了了，心说：“不能再这么耗下去了，工资太低了，人都瘦了。”

于是，他就找了个机会去哄骗看管御马的侏儒们。因为他们身材较常人矮一些，所以东方朔就吓唬他们说：“陛下认为你们这些人对朝廷没有用处，让你们去种田不行，让你们去当官不行，让你们去打仗也不行，对国家没有丝毫用处，只会消耗物资，所以现在陛下要把你们全部杀掉。”

侏儒们非常害怕地哭了起来。接着东方朔就给他们出主意：“一会儿陛下要从这里经过，你们去叩头请罪，兴许就能活。”侏儒们信了他的话，等皇帝经过的时候，他们就在路上跪了一排，一边哭，一边磕头。皇帝没想杀他们，一打听才知道是东方朔在搞鬼。

于是，汉武帝第一次召见了东方朔。

脑洞剧场

汉武帝：“东方朔，你为什么要骗他们啊？”

东方朔：“因为饿。”

汉武帝："朕问你为什么。"

东方朔："陛下，我都饿成这样了，我还有什么可喂的？喂土！吃土！"

汉武帝："朕的意思是，你为哪般了？"

东方朔："臣……胃疼。"

上面这段是编的，但意思是差不多的。皇帝问东方朔为什么骗人。东方朔就解释，自己身高九尺多，俸禄就是一袋粟和二百四十钱。侏儒三尺多，俸禄也是一袋粟，二百四十钱。现如今是侏儒饱得要死，自己饿得要命。所以他希望皇帝能给好一点儿的待遇，如果皇帝做不到，就放他回家，别在长安待着浪费粮食了。

皇帝听完哈哈大笑，从此之后，东方朔开始逐渐得到汉武帝的赏识，成为汉武帝心目中优秀的……相声演员……

东方朔逐渐得到汉武帝的信任，从汉武帝的眼神中，他似乎读出来几个字——"朕要重用你！"东方朔很开心，汉武帝同样开心，从东方朔的眼神中，他似乎读出来几个字——“我要说相声。”虽然两个人的想法南辕北辙，但居然还达成了空前的一致。

东方朔的想法很简单，皇帝既然喜欢听段子，那我把想提的建议揉进段子里不就行了吗？他老人家爱听，听完之后还能得到启发，一举两得。估计每次东方朔提出建议之后，都是这样的场面。

脑洞剧场

东方朔：“陛下，臣的意思您听明白了吗？”

汉武帝：“哈哈，听明白了，听明白了，这回是个冷段子。”

东方朔：“臣跟您说正经的呢。”

汉武帝：“哈哈，你什么时候正经过？”

上面这段是编的，下面说真的。当时，东方朔没有别的办法，为了逐渐让汉武帝改观，他还是要应承着他老人家的爱好。

据说，汉武帝曾经有段时间非常喜欢让善于占卜的术士们一起玩游戏，这个游戏叫“射覆”。玩法很简单，就是把东西覆盖起来，让人们猜里面的东西是什么。

有一天他组织了一帮术士，说道："爱卿们，今天我们玩射覆。大家猜，朕身边的这个盆下面到底放着什么东西，猜中了有奖赏。"其实，汉武帝事先已经命人把一只壁虎藏在盆下。

这帮术士也不含糊，各种法术都用上了。一番占卜下来，术士们都信心满满地说："陛下，我们猜不出来，您告诉我们吧。"

没有人能猜得出来，只见此时东方朔站了出来，说："臣学过《易经》，请允许我来猜猜盆下的东西是什么。"说完，他将蓍草排成各种卦象，不一会儿就给出了答案，这一段就记录在《汉书·东方朔传》里："臣以为龙又无角，谓之为蛇又有足，跂跂脉脉善缘壁，是非守宫即蜥蜴。"

东方朔的意思是，说它像龙又没有角，说它是蛇又有足，肢肢而行，脉脉而视，善于爬墙，这东西不是壁虎，就是蜥蜴。

还真让他给猜对了，汉武帝很开心，就赐给了他十匹帛，这在当时也是很值钱的。后来，汉武帝又让他猜别的东西，他也是每次都能猜中，猜中一次，就会奖赏他十匹帛，猜中的次数多了，估计东方朔都能开个布店了。

当时，在宫里还有一个受宠的伶人，人称郭舍人。伶人可以理解成当时的一种演员。被人抢了主角，郭舍人自然不开心，于是他就找了个机会，跑到汉武帝身边进谗言，说："陛下，东方朔那家伙太狂了，射覆游戏不过是侥幸猜中罢了，并没有真本事。臣希望您能让东方朔再猜，如果他猜中了，就打我一百鞭；猜不中，就赐给我帛。"后来皇帝打了他一百鞭子，打得他大声嚎叫。

东方朔就乐了，说了一句话："嘴上没毛，叫声嗷嗷，屁股翘得高又高。"

郭舍人愤怒了："你敢侮辱天子的侍从，应该判处死刑！"

皇帝打圆场："你为什么侮辱他啊？"

东方朔赶紧解释："臣说的是三个谜语。嘴上没毛，是狗洞；叫声嗷嗷，是母鸟喂雏鸟时的叫声；屁股翘得高又高，是鹤低头啄食的样子。"

郭舍人不服气："好，那我也出个谜语，东方朔要是答不上来，也得挨鞭子。"

后来行刑的人抽完郭舍人就回去了。因为东方朔猜对了，从此以后皇帝更加地爱重他，还封他为常侍郎，陪伴皇帝左右。

既然受到皇帝宠爱，他的待遇自然也跟着提升。又过了很久，在一个三伏天，汉武帝下令给侍从官员赏肉，可眼见天已经黑了，负责分肉的大官丞还没来，于是东方朔独自拔剑割肉就拿走了。后来大官丞把这事告到皇帝那，东方朔入宫，皇帝就问他："昨天赐肉，你不等下诏就自己割肉拿走了，你站起来，给朕自我检讨。"

东方朔就开始跪着自责："东方朔呀东方朔！接受赏赐不等诏令，多么无礼呀！拔剑割肉，多么豪壮呀！割肉不多，这是多么廉洁呀！回家送肉给妻子吃，又是多么仁爱呀！"

一番话说完，又把汉武帝逗笑了。

只见汉武帝笑着对他说："让先生自责，你竟然反过来称赞自己！"

后来，汉武帝又赐了他一石酒、一百斤肉，让他回家送给妻子。这段应该叫奉旨伺候媳妇。

~哈哈哈哈
茶
茶
哈哈哈哈
德云朔
专场

不要以为东方朔每天就只会给汉武帝讲段子，其实他心里面有一杆秤，需要他劝谏皇帝的时候，他也是不遗余力。

话说，有段时间，汉武帝常常出去打猎，估计也是宫里太闷了，所以一出宫，皇帝看见什么都觉得好，在外打猎自然也是非常惬意。

可随着汉武帝打猎的兴致越来越浓，这时间就有点儿不好掌握了。一开始是一天，后来逐渐加到五天，再往后皇帝还是无法满足，于是决定修建上林苑，在里面放置各种娱乐设施，我们可以把它理解成西汉的迪士尼乐园。

汉武帝提出这个计划时，东方朔正好在场，于是对皇帝展开一番劝谏。东方朔也是拼了，摆事实、讲道理、做比喻、举数据，列举了三个不能修建上林苑的理由，最后还搬出来三位著名暴君——秦始皇、殷纣王、楚灵王，说他们就是因为大兴土木，所以才天下大乱的。

汉武帝因此封东方朔为太中大夫，加给事中衔，并赐黄金百斤，然后才修建了上林苑。

虽然汉武帝没接受他的建议，但是东方朔毫不气馁。他只当是自己的大才无用武之地，一有机会还是要劝谏一番，只不过汉武帝貌似从来没有把他当作一个正经的官员，反倒觉得他没什么正经的时候。东方朔平时疯疯癫癫也就算了，在正史当中，居然还记载着他因为喝醉酒在宫里上厕所的事迹。这样的人，没死已经是奇迹了。

直到最后，东方朔都没有被汉武帝重用过，后来，他只得选择著书立说。书中内容的表现形式倒有点儿像相声，采用的是一问一答的方式。东方朔虚构了一个人问自己问题，然后自己耐心解答。大体的形式是这样的。客人问："先生您这么牛，为什么过得那么惨呢？"东方朔答："我觉得可能是缘分吧。"

这就是相声的鼻祖东方朔，一生的故事当中不知有多少包袱，多少段子，世人都说他就是名副其实的幽默大师。倘若真让东方朔知道后人这么看他，他一定会说："你们觉得好笑吗？可我说这些话时是很认真的。"

15 王昭君

只是为了一个简单的人生

幸福是什么？这个问题，从古至今有无数人问过，答案却从来不是唯一的。有些可怜人穷尽一生都没有找到答案。

本篇故事的主人公也想追求自己的幸福。虽然她想要的并不多，但一路上的问题却不少，她就是中国四大美人之一，让大雁看到都会忘记飞行的“落雁”王昭君。

一般来说，像王昭君这样美得令人惊叹的美女，她的身世一定也是与众不同的。对于美女来说，周围的人都会开启美化滤镜，就算你的身世不好，也没有关系，你负责花容月貌就行了，剩下的我们编。于是乎，美女的出生就充满了神话色彩。没办法，长得太漂亮了，此美只应天上有。

王昭君是怎么来的呢？有一个民间传说的版本。说王昭君的母亲一直想要一个孩子，可就是怀不上。转眼间到了四十岁还是没有孩子，这下王昭君的母亲也急了，于是她跑到庙里去求神仙：“神仙啊，让我怀个孩子吧。”

王昭君的母亲很虔诚，神仙也被感动了，帮了点儿忙。拜完了神仙，王昭君的母亲就回家了。到了晚上，她睡着后，做了一个奇怪的梦，梦见有一轮明月投入自己的怀中，不久，王昭君就出生了。

后来王昭君长大了，长得越来越漂亮。东汉蔡邕在关于琴曲作品的专著《琴操》里面有这样一句话：“昭君，齐国王穰女，端正闲丽，未尝窥门户。穰以其有异于人，求之者皆不与。年十七，献之元帝。”说的是王昭君十七岁时，端正漂亮、美貌动人，她的父亲王穰觉得她长得比常人还要好看许多。每天都有不同的求婚者带着各种彩礼登门，这要是意志稍微不坚定的，王昭君可能早就给嫁出去了。

她父亲也不是一般人，看到络绎不绝来求亲的人，慢慢地闭上了眼睛，想放长线钓大鱼。他拒绝了所有人的求婚，把王昭君献给了汉元帝。

要知道，一入宫门深似海。宫里面的事，可不是一个十几岁的小丫头能应付得来的。

皇帝过的那是什么日子？后宫佳丽三千人。所以，哪怕是貌美如花的王昭君来到了宫里，也被埋没进了众美女之中，没有出头之日，过了好长时间，也没见皇帝翻她的牌子。王昭君怎么也想不到，自己会碰上这样的事，不胜伤感，心说："昭君啊昭君，你什么时候才能把君招来？"

这里面还有一个流传甚广的小传说，就记录在古代汉族历史笔记小说集《西京杂记》里面。说的是汉元帝因为后宫的女子太多了，就叫画工把每个女子的样貌画下来，然后看图召见美女。据说，当时画工们画的画，出入和现在的自拍一样大。许多女子为了让皇帝能够早点儿召见自己，就贿赂画工，让画工把自己画得漂亮一点儿。

脑洞剧场

王昭君："您好，请问您是画工吗？我叫王昭君。"

画工："小姑娘长得不错，待会儿算你便宜点。"

王昭君："画像要收钱的吗？"

画工："那当然。"

王昭君："您不是搞艺术的吗？"

画工："是啊，没钱怎么搞艺术？"

王昭君："您现在画的这位姐姐，我怎么没在宫里见过？好漂亮。"

画工："她都不认识？这不就是隔壁烧锅炉的王嬷嬷吗？"

王昭君："那她人怎么没来？"

画工："她本人要是来了，我还能画成这样？"

据说，这样的事实深深地伤害了王昭君的心灵，她想：我长这么漂亮，不贿赂画工，画像肯定也很好看。

结果画完了一看，她眼泪都下来了，这画的不就是王嬷嬷吗？

日子一天天过去，王昭君就这么孤零零地在宫里待着，正值青春年少，风华正茂，可皇帝呢，就是不召见她。皇帝的态度还是坚决的，他认为自己该照顾到的人，应该都照顾到了，就剩下那个“王嬷嬷”了。

不过，历史上真实的情况可能是因为皇帝从来就没见过王昭君本人，也许连画像都没见过。等待时间太久了，正当王昭君感觉这宫里有点儿待不下去的时候，匈奴的首领呼韩邪单于来朝见汉元帝。

要知道，一直以来，汉朝可是没少受到匈奴的骚扰。这回好了，匈奴的单于过来归附，汉元帝特别开心，为单于准备了隆重的欢迎仪式。

匈奴单于表现得比较直接，说：“陛下，我这次来，可不是单纯归附这么简单。”

汉元帝点点头：“我就知道没有那么简单。你有什么要求？”

匈奴单于说：“我想要当你的女婿。”

汉元帝想了半天：“这事应该是我占便宜啊。”一想到自己能当单于的长辈，汉元帝高兴地要赏赐匈奴单于五个宫女。

此时，王昭君主动请求同匈奴单于和亲。没有人在乎王昭君这样的小角色，更何况皇帝还以为她是“王嬷嬷”，所以这个申请很快就被批准了。谈好和亲的相关事宜，匈奴单于就准备跟汉元帝辞行。

转眼间，到了匈奴单于欢送会的那一天。王昭君故意把自己打扮得漂漂亮亮的，本来她长得就好看，再经过精心打扮，那更是让人心旌摇曳。据说，昭君的美丽容颜也彻底征服了汉元帝的心。

脑洞剧场

汉元帝：“单于，这个昭君长得不是很好看，我给你换一个吧。”

匈奴单于笑了笑，说：“陛下，没事，我不挑。”

汉元帝：“你不知道，她卸了妆肯定不是这样的。”

匈奴单于：“没事，陛下，真是那样，我也认了。”

汉元帝：“说好的，要给你五位美女，这个长得很一般啊。”

匈奴单于：“陛下，这个要是长得很一般，那四个就更一般了。”

上面这段是我编的，下面说真的。这一段在历史上确有记载，就在《后汉书·南匈奴传》里面。“昭君丰容靓饰，光明汉宫，顾景裴回，竦动左右。帝见大惊，意欲留之，而难于失信，遂与匈奴。”说的是昭君容貌惊人，装饰华丽，她一进到宫里面，整个房间都亮了。屋子里的人看到她都为之动容，汉元帝也非常惊讶，想留下她，但因为不能失信于匈奴，所以还是把她赐给了匈奴单于。

古代女子的命运很多时候都不是自己说了算。而此时的昭君只能告别故土，登车北去。一路上黄沙滚滚、马嘶雁鸣，望着渐渐远去的家乡，想着亲人熟悉的身影，王昭君的眼泪就这样无声地滑落下来。心中好像有很多话要说，却又不知从何说起，不知对谁说。于是，她轻轻弹奏起琵琶，以此诉说她心中的悲苦和无奈。

凄婉悦耳的琵琶声，美艳动人的女子，使正在南飞的大雁都忘记了扇动翅膀，纷纷跌落于地上，“落雁”便由此成了王昭君的雅称。

可那又如何呢？一个雅称并不能改变什么。长得再美又如何呢？当命运难以被自己掌握的时候，人唯一的感觉只有无力……

没错，王昭君是自请和亲的，她在作这个决定的时候，甚至也没有想过那么多，身居宫内多年，却迟迟得不到皇帝的宠幸，心中积累的怨气无处发泄，与匈奴和亲，这也许只是一个冲动的决定。

一瞬间的窃喜，却要拿一生的悲痛来换。在她与匈奴和亲的第二年，呼韩邪单于就去世了。后来，王昭君上书想要回家，可这个简单的愿望都没能实现，被当时的汉成帝驳回。

16 左慈

我的技能是拉仇恨

人与人交往的过程中，有些东西是很神奇的。有时，素未谋面的两个人，一见面就相见恨晚，成了志同道合的朋友。同样素未谋面的两个人，也可能一见面就打作一团。

我们会不由自主地喜欢一个人，也会因为某些原因讨厌一个人。

通常我们会由于什么原因而讨厌一个人呢？因为谈吐，因为背景，还是因为长相？无论什么原因，可能根源都在于你觉得他和你不同。

历史上的战争很多都是为了达到排除异己的目的而

发动的。我们不同，所以我讨厌你。

在人类文明发展的历程当中，因为不同而引发的灾难非常之多。

在中国历史上，也有一个人因为与众不同，好几次险些丢了性命。此人便是东汉末年一位知名的方士——左慈，道号乌角先生。

据说他是安徽庐江人，史书上评价他是“少有神道”，精通一些奇门之术。神奇到什么地步呢？

话说有一次左慈受到司空曹操邀请，去他那里做客吃饭。宴会这一天，司空曹操请来好多人，等客人们差不多落座了，只见司空曹操从容不迫地说道：“今天是难得的盛会，我略备了一些山珍海味，只可惜没有吴淞江的鲈鱼啊。”话还没说完，就听下座的左慈说话了：“这个可以有。”

这对于左慈来说一点儿也不难，分分钟就上演了一出“隔空抓鱼”。《后汉书·方术传》当中就描写了左慈抓鱼的过程：“因求铜盘贮水，以竹竿饵钓于盘中，须臾引一鲈鱼出。操大拊掌笑，会者皆惊。”

首先，他向司空曹操要了一个装着水的铜盘、一根竹竿和一些鱼饵。在座的宾客看了之后，心中充满了疑问，都想拦着左慈："你是打算跑到吴淞江去钓鱼啊？等你钓回来了，宾客们都饿死了。"

可再看左慈，人家并没有想告辞出发的意思，他当着众人的面，就拿着竹竿在铜盘里钓鱼，不一会儿，一条新鲜的鲈鱼就被钓出来了。

司空曹操拍着手大笑："这是见证奇迹的时刻。"

宾客们都很惊讶："左慈这鱼也来得太快了，说要鲈鱼，立马就送过来一条鲈鱼。"

其实，司空曹操也有点儿不敢相信："一条鱼可能不够大家吃的，还能再钓几条吗？"司空曹操心眼多，估计他可能觉得左慈身上穿的衣服也就只够装一条鱼的，想让他再钓几条，看他怎么办。

可左慈一点儿也没含糊，更换了鱼饵之后，不一会儿又钓出来几条鲈鱼，而且那些鲈鱼就跟事先量过一样，都是三尺多长一条，活蹦乱跳的。

不难想见，左慈这套隔空钓鱼的本事绝对是把众宾客惊呆了，司空曹操赶紧命人把鱼做好，分给众人尝鲜。

这还不算完，司空曹操又装作怅然若失的样子说道："啊呀！鱼虽然有了，只可惜还没有四川出产的生姜啊！"众宾客此时应该用眼神提醒司空曹操："做人不要太过分。”司空曹操却并没有看进眼里。

总之，这个要求还是要照办的。这也难不倒左慈，他表示：“这个也可以有。”但司空曹操怕左慈出门随便去哪个菜市场买块生姜回来，于是就对左慈说：“你这样，我曾经派人到四川去采购绸缎，你去买姜的时候，顺便告诉他多买二端。”古代这“一端”是半匹，“二端”就是一匹。司空曹操的意思就是让左慈提醒他派去四川的那个使者多买一匹绸缎回来。

结果一眨眼的工夫，左慈就拿着生姜回来了，并且告诉司空曹操，口信已经带到了。后来使者回来了，司空曹操一看，果然多买了一匹绸缎回来，盘问他买绸缎的情形和时间，和左慈之前说得一点儿不差。

脑洞剧场

司空曹操：“那老头有什么显著特点吗？”

使者：“他手里拿着一块姜。”

司空曹操：“他就没说点什么吗？”

使者：“他说，接下来就是见证奇迹的时刻。”

要说左慈这个人身上，的确充满了神秘色彩，许多常人根本完成不了的事情，对他来说，如探囊取物一般。但他的神奇之处远不止于此，在正史当中还记载着关于他的许多传奇。

有一次，司空曹操出游，身边跟着一百多个士大夫，非常威风。你说，要是出门带着一百多个弟兄，就总有种聚餐吃烧烤的感觉。可是，要是出门带着一百多个教授，那感觉就不一样了，就跟自己也有文化了似的。

人家司空曹操确实有文化，也能管得了一百多个教授，但要是管一百多个人吃饭，终究是个体力活。没关系，司空曹操带来了左慈。

想吃什么，找左慈变一下就行了。司空曹操说："来吧，大师，见证奇迹的时刻又到了。我们都饿了，给变吃的吧。"

左慈说："今天不能点菜，你们吃的东西，我早就备好了。"这一段记录在《后汉书》当中："慈乃为赍酒一升，脯一斤，手自斟酌，百官莫不醉饱。"

说的是，左慈手里拿着一升酒，还有一斤干肉。他亲手给大家分酒，分肉，酒倒不尽，肉分不完，竟然让那一百多个士大夫吃饱了。

司空曹操觉得很奇怪，赶紧命人前去一探究竟。一查可了不得了，他们发现街上酒馆里的酒和肉都不见了。司空曹操知道之后很不高兴，于是命人把左慈关起来，想要杀掉他，可谁知，一眨眼的工夫，左慈钻进墙壁里面了，谁也找不着他了。

司空曹操也急了，“快！快去，快去。赶紧抓住他！”

士兵们赶紧去找左慈。这时候有人说在菜市场上见过左慈，大家就跑到菜市场，一到那都吓到了，市场里的每一个人都长得跟左慈一模一样！

这时候还是队长经验丰富，望着手下好几百人，轻声对其中一个说道：“你快去跟主公汇报，你就说，左慈比我们人多。”

史书记载，满大街都是左慈，当兵的自然不知道该抓哪个。可没关系，又有人说在阳城山头见过左慈，于是大家又去追，还真看见左慈了，可还是没抓着。怎么回事呢？原来，左慈看士兵们追来了，转身就逃到羊群里。只一错神的工夫，左慈和羊就打成了一片，变成了羊。队长叹了口气，望了望自己手下的几百号人，又望了望漫山遍野的羊，都要哭了。

司空曹操清楚，要是一直这样发展下去，那是永远也抓不到左慈了。于是他派人对着茫茫的羊群喊话：“我不杀你了，只是想测试一下你的本领罢了，快出来吧！”话音未落，忽然一头老公羊弯着前面两条腿，好似在作揖，像人一样站着说道：“怎么突然做这种事啊？咩——”

司空曹操派过去的人猜这只羊就是左慈，于是想跑到羊群中去抓。可这时候，他们却愕然发现，几百头羊都变得跟那只老公羊一模一样了，也都作揖，站着说道：“怎么突然做这种事啊？咩——”

一瞬间，这么多只羊都站起来了，可把士兵们吓坏了，于是乎，这次斩左慈的行动只能以失败而告终。

前面说的这些全都记录在正史里面，但像左慈这样的人物，有正史，必然也会有传说。

在传说当中，左慈是个特别善于拉仇恨的人，很多人都想要杀之而后快，不仅如此，这些想杀他的人还都是很有名气的人物。

这些人中就有荆州的地方长官刘表，他对左慈动过杀机。刘表认为，左慈这个人太善于蛊惑人心，是一个

妖道，所以就想找个机会把左慈杀死。

有一天，刘表带着自己的一万多兵马巡逻。左慈慢慢走到刘表面前说：“我准备了一份薄礼，想犒劳一下您的军队。”刘表一听就笑了：“你穷道士一个，我的人马这么多，你犒劳得过来吗？”只见左慈笑了笑说道：“多少人我都供得起。”

刘表心里也犯嘀咕，心说：“反正是他送我东西，我肯定吃不了亏。”

刘表派人去看左慈到底带来了什么，士兵走近一看，只有一斗酒和一小扎肉干。乍一看，东西不算多，可十个人来了都搬不动。这时候再看左慈，慢慢地把这肉干拿出来，一片一片削，然后他就请了一百多个人帮他分酒和肉，每个士兵有三杯酒和一片肉。

后面就跟之前司空曹操遇到的情况一样了，一万多士兵全部都吃饱喝足，可是酒器里的酒却还没有见少，肉干也没有吃光。刘表大惊，一下就打消了杀掉左慈的想法，态度立刻就不一样了，看着左慈跟看见美食一条街似的。

据传，在东汉末年，除了刘表，还有一个人也不喜欢左慈，那就是东吴政权的奠基人之一——孙策。

话说，孙策本身就反对封建迷信，他曾杀死一个叫于吉的道士，这次又让他遇见了左慈，那能放过他吗？有一天，孙策想趁左慈不注意的时候，从背后给他一刀。只见左慈穿着双木鞋，拿着竹杖在前面慢慢地走，孙策在后面追……

虽然左慈看起来走得很慢，孙策却怎么也追不上他。一转眼，半天过去了，孙策还是没追上。

孙策这才知道，左慈果然是得道的高人，于是他再也不敢动歪心思了。传说左慈最后还真修成仙了，真假暂且不论，当我们面对未知事物时，不能因为陌生或恐惧而一味地否定、打压，这会让我们失去很多获得进步的机会。左慈对于当时的人来说就是一种未知，也为我们面对未知事物提供了另一种视角。

17 许劭

独具慧眼的“自媒体人”

在如今这个信息爆炸的时代，每个人手里都握着一个隐形的话筒，“自媒体”这个名词也应运而生。所谓自媒体，就是自己当媒体，微博、微信、贴吧等，这些都是自媒体。

在三国时期，就有这么一个“自媒体”，它每个月只发表一篇评论文章，堪称职场招聘的风向标，只要是在这个自媒体受到好评的人，就能成为各方势力的抢手货。

熟悉三国历史的人都应该知道曹操这个人，近些年，随着大家对曹操的深入了解，越来越多的人开始喜欢曹操，喜欢他的程度甚至胜过刘备。关于曹操的一句话流传了千年，而且几乎概括了曹操一生的事业和人品，那就是“治世之能臣，乱世之奸雄”。

说这句话的人就是三国时期的知名主编，也是本篇要讲的三国著名“自媒体人”——许劭。许老师的“自媒体”可不是用钱砸出来的，也不是靠炒作经营起来的，而是纯靠人品和口碑做起来的。

提到许劭的大名，当时在官员中，那真是无人不知，无人不晓。按照现代自媒体的包装思路，一个自媒体要想拥有强大的影响力，首先就一定要有一个响亮的名字。许老师运营的自媒体的名字就很响亮，叫作《月旦评》。

发行日期参考它的名称就知道了，每个月农历初一。内容主要是针对当时社会上的活跃分子进行点评。而且“月旦”这两个字合起来看，就是一个胆量的“胆”字，用来形容这个自媒体的特色也很贴切。因为《月旦评》评价别人的基本原则就是想评谁就评谁，想怎么评就怎么评。

而因为《月旦评》一下子名声大噪，走上职场巅峰的例子不在少数。据说当时有个卖头巾的小商贩樊子昭，都60岁的人了，被许劭“宣传”了一下，立刻得到重用。还有一个叫虞永贤的人，据说被许劭发现之前，一直在当牧童，每天放牧。被《月旦评》介绍后，他马上就从职业放牧变成爱好放牧的大人物。

基于这些成功的案例，很多人碰到许劭，都谦恭有礼，不求许老师给一个好评，可也千万别让他老人家给个差评，不然工作前景就算是到头了。

特别是许老师当上了郡功曹（相当于一个地区的分管人事的主管）之后，人们对于许老师的《月旦评》更加重视了，不仅是身份一般的官吏重视，有背景的官吏也很重视。

袁家本来就是一个大家族，门庭显赫，四代中有五个人都位列三公。袁绍当时也是地方大员，话说有一回，袁绍辞去濮阳令回家，有豪华车队随行，还有大批的贴身随从，浩浩荡荡。

脑洞剧场

大家的热情感染了袁绍："看看我这人气，看看我的家族，看看我的工作，看看我的财富。"

侍卫："报！前方就是许劭大人的老家，请指示。"

袁绍："坏了，不能让许老师看见我这排场，要是被他写在《月旦评》里，我可以直接回家养老了。"

侍卫："那车队该怎么处理？"

袁绍：“不要了。”

侍卫：“随从呢？”

袁绍：“也不要了。”

于是袁绍解散了自己的大型车队和随从，只留一辆马车，悄悄地从许老师家乡经过。

许劭的影响力可想而知。古代的人想为自己谋一个好前程，有的时候也需要一个好口碑。

许劭凭着自己的《月旦评》不知道帮助多少人完成了人生的华丽转身，让他们瞬间成为抢手的顶尖人才。但是，要想让许老师给自己一个好评也不是那么容易的，首先你必须得让他认可。

在许老师的眼里，作为人才，最重要的不是富有，也不是知名度，而是人品和才能。

这时候，想朝着人生巅峰前进的曹操有点儿犯难了。曹操自知大家对他的评价不高。怎样才能获得许劭的好评呢？思来想去，曹操顿悟，笑着说：“这不可能。”

说来也奇怪，在东汉末年，有这样一种现象，一些特别杰出的人才，一开始都没有得到大众认可，过得也不是很好。最典型的，曹操算一位，诸葛亮也算一位。想当年，年轻的曹操在人们心中的印象就是一个执着的地痞；而诸葛亮的情况稍好一点，他自比管仲和乐毅，所以人们只是觉得他有些疯狂。

但自古以来，都是有志者事竟成。诸葛亮选择的方式，是宅在家里一直等，最后终于等来了刘备。而曹操选择的方式是送货上门，你觉得我好，咱们“验货签收”；你觉得我不好，我就等你觉得好了，再“验货签收”。

曹操首先锁定的目标是乔玄。乔玄在当时也算是个权威人物，曹操心想让他先给我个好评，找个理想的工作肯定是不难了。让曹操惊喜的是，乔玄见到他，简直是一见如故，评价也是相当高。

脑洞剧场

看着曹操期盼的眼神，老乔和蔼地说：“我一大把年纪了，见过不少人物，没见过像你这么优秀的。你好好干，老朽的家属以后就拜托你照顾了。”

这话说得曹操眼皮直跳，心想来这一趟，工作还没找着，怎么还多了家属？曹操点点头，这趟可能是亏了。

不过，乔玄可没有亏待他，他为曹操指了一条路："你还是去找许劭吧，他要是能给你个好评，那就妥了。"

于是，曹操就去拜访许劭了。

《后汉书》里记载："曹操微时，常卑辞厚礼，求为己目。劭鄙其人而不肯对，操乃伺隙胁劭。"这段话说的是，曹操一开始去找许劭的时候，特别客气，说话谦恭有礼，还带着好多的厚礼。每次见面都是："老师，您忙着呢？给我个好评吧，求求您。"可许劭不太喜欢曹操的为人，死活不肯推荐他。也不知道曹操求了他多少回，终于有一天，曹操爆发了，逼着许劭必须做出一个评价。许劭为此陷入了深深的沉思，怎么办？给曹操的评价太高吧，他不愿意；评价太低吧，又怕曹操不愿意……于是他就在《月旦评》里写了一句评语："治世之能臣，乱世之奸雄。"不过这是《三国演义》里的说法。《后汉书》里写的是"君清平之奸贼，乱世之英雄。"就是这么个不太正面，略带反面的评价，曹操似乎觉得很满意。而这句话还真的几乎就概括了曹操的一生。单从这点看来，许劭看人之准，就让人不得不佩服。

18 孔融

因让梨而得名

“孔融让梨”的故事在许多史书当中都有记载，说的是东汉名士孔融四岁的时候，把大梨分给别人，自己只吃一个小梨的故事。

大人们问他：“你为什么吃小梨啊？”

孔融说：“我最小，所以我吃小梨。”

后来人们都夸奖他。

不过，时代在变，人也在变，孔融同样在变。虽然他在很小的时候便尊礼、懂礼，但长大之后他忽然变得不想再谦让了，也正因为如此，他才有了杀身之祸。这到底是为什么呢？

要想弄明白，孔融是怎么离开的，就一定要说说孔融是怎么来的。因为一个人的成长轨迹也是一个人性格的形成轨迹，而一个人性格形成的轨迹则和他的命运紧紧联系在一起。

说起孔融这个人，如果单从出身来看，那他的背景简直是无懈可击：他的父亲孔宙在朝为官，官至泰山都尉；他的七世祖孔霸是汉元帝的老师；而他祖宗的祖宗孔子，就不必说了。孔融是孔子的第二十世孙，而且孔融自己也很不简单，少年英才。

话说，孔融十岁的时候，曾经跟父亲去了一趟都城洛阳。当时的河南尹李膺不太喜欢与人交往，一般的宾客和士大夫，一概不见。

不过，这个河南尹的官职在汉代可不算小了，管辖洛阳周围二十一个县。所以人家还真有这个底气，特意嘱咐看门的人，如果不是当代名人或者亲朋故旧，就不用禀告了。

而李膺的这种表现，也勾起了小孔融的兴趣，他很想见见这位李膺大人。于是登门拜访，敲响了李膺府第的大门。

看门人低头一看，门口站着一个孩子。只见那孩子自信满满地说道：“我家与李大人世代交好。”

看门人一听不敢怠慢，赶紧跑去禀告李膺，说：“大人，您快去看看吧，外面有个小孩说他们家与您世代交好，说得跟真的一样”。

李膺一听，愣住了，“这难道是遇到了传说中的熊孩子吗？”于是，把孔融请进屋来，问他：“你们家跟我有交情吗？”问得很客气，毕竟人家李膺是有身份的人，但实际上这句可以理解为：我们很熟吗？

孔融赶紧回答说：“很熟。我的祖先孔子和您的祖先老子不仅聊得来，而且还是亦师亦友的关系，您说，我们是不是交情很深呢？”在座的人听到了，都称赞这孩子了不起，太会说话了。要知道当时姓李的人，只要被说成是老子的后人，那便是一种荣耀。

可这时候太中大夫陈炜不太认可这种说法。可能也是职业病，因为这太中大夫的职责是主管论议，说简单些，他的特长就是辩论。他说：“人小的时候聪明，长大了未必有大用。”

这时候仅仅十岁的孔融马上就回敬了一句：“观君所

言，将不早惠乎？”这句话记录在《后汉书》当中。

孔融的意思是说，照您这么说，大人您小时候必然很聪明啊。陈炜一听，很惊讶，这次碰到对手啦，而且是在他最擅长的辩论上。

李膺听完大笑，对着孔融说：“你将来一定会有大出息。”

李膺大人的预言还是很准确的，之后孔融的名气也是越来越大。可孔融的成名之路却总是伴随着很多不太好的事情。

孔融十三岁的时候，父亲过早离世了。这对于孔融来说，实在是难以承受之痛。由于悲痛过度，他有段时间得让人扶着才能站起来。于是，周围的人都纷纷称赞他的孝行。

时隔三年，当孔融十六岁的时候，又发生了一件事。有一个叫张俭的官员，得罪了宫里一个宦官，结果这宦官想办法诬陷他之后，就开始派人捉拿他。于是，张俭就跑了，由于他跟孔融的哥哥孔褒关系不错，就逃到孔融他们家，投奔孔褒。

孔褒不在家，接待他的人是孔融，张俭一看他岁数不大，当时就要走。可孔融看见他忧虑的神情，就知道出事了，于是把他拦住，说：“我哥虽然不在，但是我也可以帮助你啊？”张俭点点头：“那好吧，我睡哪间屋？”

于是，张俭便在孔融家住下了，可没过多久，事情就泄露了，官府来抓人，到了之后，张俭却不在。

官差点点头："你们家很有意思，找谁，谁不在。好！把孔褒、孔融带走。"

于是，孔褒、孔融被送进了监狱。可这时候官府犯难了，私藏罪犯是死罪，但抓回两个人来，谁才是主犯呢？孔融他们一家人争了起来，这可把官老爷们难住了，最后请示朝廷，定了孔褒的罪。这段故事在历史上叫"一门争死"。

孔融因此变得更加有名了，几乎到了无人不知、无人不晓的地步。可成名之后，能否继续维持知名度，就需要实打实的能力。

要知道，在东汉末年那个群雄纷争的年代，孔融仅凭出色的思想品德立足，已经是个奇迹了。如果非要总结他其他的优点，只能说他文章写得还不错，毕竟他是建安七子之一，会辩论、有个性，但并不完全符合当时的主流。

实际上，孔融还有一个优点容易被人忽略：孔融是一根"硬骨头"。

话说，后来孔融被司徒杨赐府征召了，要知道司徒在东汉可是很重要的官职，三公之一，与太尉和司空分掌宰相职能。孔融能为司徒办事，也算起点不低。杨大人派他去干什么呢？暗查官僚中的贪污分子。结果孔融一查就查出来很多宦官的亲戚。东汉是历史上宦官权力比较大、比较放肆的一个时期，那时候宦官没人敢惹。但是孔融不怕。后来河南尹换成何进，这人再后来还升为大将军，司徒杨赐府就派孔融去祝贺一下，可不巧，负责通报的人没有及时通报，孔融等烦了，立马回府，后来还辞职了。

这让何进觉得很丢人，他私自遣人去追杀孔融，可这时候有人劝何进，说："孔融名气太大了，如果将军和他结怨，恐怕以后四方名士都要离您而去了，不如我们反着来，以礼相待，也让天下人都知道将军的胸怀。"何进一想也对，反而善待孔融。

但历史的车轮从不停歇，它转着、转着就把何进抛出了历史。

转眼间，董卓开始崛起。这位莽汉上来就把少帝刘辩废了，立献帝刘协。从此以后，孔融就再也没给过他好脸色。董卓每次和他聊天的时候，都有一种面对“仙人掌”的感觉。

董卓被孔融气坏了，正好当时黄巾军起义，他们侵犯了好几个州，这其中北海（今山东潍坊境内）是黄巾军活动最为猖獗的地方。董卓就把得罪他的孔融派到那里去当父母官，封为北海相。这个官职不小，而且实权很大。

到任之后，孔融雄心万丈：“正所谓能力越大，责任越大，看来现如今，国家也只能靠我孔融了。”而说到孔融的做官能力，也许有些对不起他的名气，他的行政能力一般，带兵打仗也是外行。他到任之后召集士兵和百姓，演讲一番，鼓舞士气，同时发布檄文，告诉黄巾军，我要打你们了。黄巾军还是很配合的，没过多久，张饶带着二十万人打过来了，孔融领军迎战，结果他的士兵们被打散了。收集散兵，孔融继续努力，后来在都昌被黄巾军包围了。孔融心里备感焦急，但别人眼中的孔融依然是淡定自若。只见他对手下太史慈说：“看来是打不过，我选择让刘备来救，你去问问他有没有空。”后来是刘备派了三千援军，给孔融解了围。所以，孔融的带兵能力是真的不太强。

据说，汉献帝建安元年的时候，孔融还被袁绍的长子袁谭蹂躏过一回。两拨人马从春天打到夏天，打到孔融就剩下几百个人了，但孔融依然面不改色。

虽然孔融看起来自信，但最后的结果是城被攻陷，孔融的妻子、儿子被袁谭俘虏，孔融独自逃跑了。

可即便在战场上，让人打得落荒而逃，孔融依然还是原来那根硬骨头。

当时，袁绍和曹操的势力都很强，一开始，孔融谁都不依附，但是后来他还是去了曹操那边，不管怎么说，曹操挟天子以令诸侯，公认的“正统皇帝”汉献帝还是在人家曹操这边。

但是时间长了，孔融发现曹操还是有野心的，于是什么事都要跟曹操对着来，而且从来不注意跟曹操说话时的语气和用词。

曹操很生气，本来就一直容忍他呢，可孔融一而再再而三地不给他面子，让曹操感觉，孔融的目的就是为了阻止他的大业，这一下就触到了曹操的底线。

但想杀名人，得给老百姓一个说法。于是曹操命人罗织孔融的罪状，说他想谋反，说他对朝廷不敬，还说他对父母不孝。这些罪状被不熟悉他的人看了，那真是气得想要孔融的命了。孔融被杀时，还有人觉得此事大快人心。

19 华佗

莫让形势逼死人

“法、术、势”是法家韩非子提出的方案，他认为，作为一个帝王，“法、术、势”是必须要掌握的技能。而这个技能在当下也同样有用。

“法”可以理解为政策、规定；“术”可以理解为方法、手段；“势”就是事物的趋势。也就是说，如果一个人制定了科学的律法或者规则，然后运用灵活的手段去执行，并且能够看清事物发展的趋势，就可以做好事情了。

但有些事情说起来容易，做起来难。特别是对趋势的判断。

在中国医学史上，有一个很有名气的人，无论什么时候人们提起神医，都会想起他，此人就是华佗。

在医疗资源极度匮乏的时期，曾在他的妙手之下起死回生的人，那真是数不胜数。创造了无数的医学奇迹之后，华佗的名气也越来越大。百姓们得了疑难杂症，也经常来找华佗医治，期待自己能康复如初。当然，并不是所有的病都可以单凭医术来治，有时候也需要患者自身的配合。

虽然华佗医术精湛，受人敬仰，他却根本不想当全职医生。

因为在古代，读书人地位才是最高的。而且华佗本人也并不只精通医术。据说他对《诗经》《尚书》《礼记》《周易》《春秋》五部儒家经典也是颇有研究。

可大家眼中，华佗就是医生，他只能当医生。这对于华佗来说，就像名校毕业的高才生被迫去当厨师一样。

总之，华佗的思路很乱，而他的人生也很乱，因为他似乎总是看不清楚事物发展的趋势。

话说，华佗小时候，非常好学，经常到处游学，增长见闻。行万里路，再加上阅人无数，所以华佗进步很快。等华佗学得差不多了，也有些人开始注意他了，按理说，下面的步骤就是择业。可无论是沛国相陈硅向朝廷推荐他为孝廉，还是太尉黄琬征召他去任职，他都不去。

后来，华佗老了，身体健康，人们都觉得华佗也许有一百岁，但是看上去跟壮年一样。不过，也许华佗当时就是壮年，只是看上去像一百岁。

但可以肯定的是，华佗的确很会养生。这一段就记录在《三国志》当中："精方药，其疗疾，合汤不过数种，心解分剂，不复称量，煮熟便饮，语其节度，舍去辄愈。"

这一段的意思是说，华佗精通医方药物，他治病的时候，配制汤药不过也就用几味药，心里掌握着用药的分量和比例，都不用称分量，把药煮好，嘱咐好病人服药的注意事项，让病人喝。等到华佗离开的时候，病人已经好得差不多了。这事要是让患者们知道了，你说谁让华佗看病，不想让他早点儿走。

脑洞剧场

病人："华大夫啊，你走吧。"

华佗："不是您让我过来看病的吗？"

病人："对，所以您快走吧，我听说只要您一走，人就好了。"

华佗："不是，您听我解释。您别推人啊！您别关门啊！我这还没开药呢！"

上面这段是编的，但说真的，在史书中记载的关于华佗治病的故事，非常有传奇色彩。

华佗看病的方式其实并不复杂，除了配制汤药，如果病人需要灸疗，那也只针灸一两个穴位。如果灸疗治不好，他就让病人喝下他的独门配方——麻沸散，麻沸散相当于现在的麻药。病人吃下麻沸散后，就会像喝醉了一样，没一会儿就陷入沉沉的昏睡中。华佗就在这时候把病人的肚子剖开，把有病的地方切除，再把病人的肚子缝起来。病人在整个过程中都感觉不到痛，也不会自己醒来，一个月之后，病就会好了。

就是这么神奇，不过这对华佗来说还不算什么。说到神奇，就不得不说说华佗某次看病的经历。

话说，有一天，华佗驾着车走在路上，碰到一家人用车拉着病人，想找大夫看病。这人的病也挺稀奇的，喉咙里总感觉堵着东西，想吃东西却咽不下去。华佗远远听见病人的呻吟声，点点头，于是把车停了下来，前去治病。

只见华佗几步走到患者的身前，一搭脉，就全明白了。华佗转过身来，对家属说道："刚才我来的路上有家卖饼的，他那有蒜泥和醋，你向店主买三升来吃，病自然就会好了。"家属们最初不相信他的话，但看着华佗认真的表情，最后还是把蒜泥和醋买回来了，给病人灌下去之后，病人果然好了，还吐出来一条像蛇一样的虫子。家里人高兴坏了，于是把虫子挂在车子上，到华佗家去拜谢。到了华佗家一看，在他屋子的北墙上，挂着十几条像这样的虫子。

在华佗的患者当中，有两位三国时期的大咖。一位是广陵郡太守陈登，传说陈登年少时就有扶世济民之志，并且博览群书，学识渊博。他的计策还帮助过曹操成功剿灭了吕布。

他这广陵郡太守的官职就是这么得来的，后来吕布被灭了，陈登又被加封了伏波将军，这是古代评价个人能力的一种封号，伏波的意思就是降伏波涛。就是这么一位有能力、有抱负的人物，得病之后，也是一样脆弱。

陈登得了一种怪病。他心中烦躁郁闷，脸色发红，不想吃饭。看了很多大夫，都没有得到医治。

后来，他找到了华佗。华佗给他一切脉就知道是怎么回事了。他对陈登说：“您的胃中有好几升虫子，在肚子里形成毒疮，这是吃生鱼、生肉造成的。”

说完华佗马上熬制了两升汤药，先让陈登喝了一升，过了一会儿又让他喝了一升。只一顿饭的工夫，陈登就吐出来差不多三升的小虫子，吐完之后，陈登这病就好了。可华佗却说，这个病还没完。三年之后还会复发，碰到好大夫才能救活。

转眼间过了三年，到了华佗预计的时间，陈登果然旧病复发，可当时华佗已不在人世，所以陈登就死了。

华佗治好的病人越来越多，他的名气也越来越大，所以很快又有一位大人物开始注意华佗。此人是三国时期一位叱咤风云的人物，他就是曹魏政权的奠基人曹操。

曹操当时总是头疼，每当发病的时候，就精神烦乱，头晕眼花。对此，家里人感到很苦恼。

曹操也确实忍受不了了，所以后来听说华佗医术高明，立刻决定把华佗请过来，直接当了御用私人医生。

按理说，给当时最大的老板做私人医生，真的不能要求太多。可是华佗确实没有满足，因为他根本没想当医生。这一段就记录在《三国志》当中："然本作士人，以医见业，意常自悔。"

这句话是什么意思呢？华佗觉得自己本来是个读书人，却被人看成是行医之人，所以心里常常感到懊悔。

可曹操这个病貌似并不能根治，按照华佗的话来说，只能通过不断的治疗，延长一些寿命。

后来，华佗也有点儿想离开曹操，由于长年远离家乡，华佗十分思念家人。有一天，他对曹操说："刚才收到了家里的来信，想回去待两天。"曹操本意不想放人，因为每个月总有那么三十一天头疼，但是曹操同意他回家了。可一到家，华佗不想回来了。时间一长，曹操派人去请，华佗就说自己的妻子有病，请求延长假期。

三番五次，只要曹操派人去请他，华佗就说妻子有病。曹操心中充满了疑问。

曹操经过一番思量后，觉得自己可能被华佗骗了。于是就派人去查看，如果华佗的妻子真的生病了，就赏赐他们家四十斛小豆，并且延长华佗的假期。曹操还说了，如果华佗是在弄虚作假，就把他押送回来。于是，华佗就被押送回来了。

华佗看不清形势，虽然粗通《周易》，却不清楚自己应该去向何方。其实，这已经不重要了。因为大家已经帮他定位了，曹操也已经帮他定位了，他就是医生，而且是曹操的私人医生。既然工作定了，你不好好上班，必然是要受到惩罚的。所以华佗被抓回来之后，直接被押送到许昌监狱，接受严刑拷打。

脑洞剧场

狱卒："华佗，你到底认不认罪？"

华佗："我没有罪，我认什么罪？"

狱卒："你的妻子明明没有病，你却非说她有病。"

华佗："她确实有病。"

狱卒："她有什么病？"

华佗："她有心病。"

狱卒："我！我读书少，你可不要骗我。她能有什么心病？"

华佗："她得了一种一起床就睡不着的疾病！"

狱卒："这种病，爷一直都有！"

上面这段是我编的，下面说真的。经过一番拷问，华佗被判了刑。这时，曹操手下有一个智囊，名叫荀彧。他过来劝曹操放过华佗，他医术高明，还能救活好多人。

可曹操正在气头上，他觉得自己的病之所以一直没好，是因为华佗故意给他留个病根，以此来抬高自己的地位。就算不杀掉他，自己这病也治不好。

于是最终给华佗定了死罪。据说临死前，华佗拿出一卷医书给监狱的官吏，说这本书可以救人。但狱吏害怕触犯法律，不敢接受，所以这本集合了华佗一生行医经验的宝贵医书，最终被扔进了火堆，付之一炬。

其实华佗早该意识到，自己该走哪条路。

回望一生，自己唯一能拿得出手的东西只有医术，为何要对读书人的身份那么执着呢？救人一命也是一件高尚的事。

不过，也未必是华佗没有预见到事物发展那所谓的"势"，只不过你觉得可以割舍的东西，在他看来却是不能割舍的。所以也许当我们有一天真的具备了预见未来的能力，仍然还要问自己一句："我到底要做什么样的人？"